MATHIAS VOELCHERT

CHANCEN VERLIEBEN SICH

WIE PARTNER SICH IMMER WIEDER NEU ENTDECKEN KÖNNEN

MATHIAS VOELCHERT

CHANCEN

WIE PARTNER

VERLIEBEN SICH

SICH IMMER WIEDER NEU

ENTDECKEN KÖNNEN

Kontaktmail:
mv@chancen-verlieben-sich.de

Internet:
www.chancen-verlieben-sich.de
www.paareimwandel.de
www.trennung-in-liebe.de
www.mathias-voelchert.de

Wichtiger Hinweis

Beziehungen sind so individuell wie die Menschen, die sie leben und erleben. *Chancen verlieben sich* bietet viele Lösungsmöglichkeiten, die als hilfreich erfahren wurden. Dieses Buch dient der Information und Reflexion darüber, wie die gemeinsame Entwicklung in Beziehungen gelingen kann. Es handelt sich hierbei nicht um Psychotherapie und es stellt auch keinen Ersatz hierfür dar. Wer die Beschreibungen anwendet, tut dies in eigener Verantwortung. Der Autor beabsichtigt nicht, Diagnosen zu stellen oder Therapieempfehlungen zu geben. Die beschriebenen Verfahren sind nicht als Ersatz für professionelle medizinische oder therapeutische Behandlung oder Beratung zu verstehen.

Der besseren Lesbarkeit wegen wurde auf eine durchgängige Schreibweise »Partnerin und Partner« verzichtet, natürlich sind immer beide Geschlechter, mit Partner, gemeint.

FSC
Mix
Produktgruppe aus vorbildlich
bewirtschafteten Wäldern und
anderen kontrollierten Herkünften
Zert.-Nr. GFA-COC-1298
www.fsc.org
© 1996 Forest Stewardship Council

Verlagsgruppe Random
House FSC-DEU-0100
Das für dieses Buch
verwendete FSC-
zertifizierte Papier
Praximatt liefert
Condat,
Frankreich

Umschlag: fuchs_design, Sabine Fuchs, München
Umschlagmotiv: Getty Images, Paul Vozdic
Fotonachweis: siehe Seite 190
Layout und Herstellung: Armin Köhler, Vaterstetten
Druck und Bindung: Kösel, Krugzell
Printed in Germany
ISBN: 978-3-466-30784-5

www.koesel.de

Für Eleonore

»Zu sehen und zu hören, was in mir ist und mit mir ist und nicht, was dort sein sollte, dort war oder vielleicht sein könnte! Zu sagen, was ich fühle und denke und nicht, was ich sagen sollte! Zu fühlen, was ich fühle und nicht das, was ich fühlen sollte! Zu fragen, was ich möchte und nicht warten, warten, warten auf Erlaubnis! Zu wagen, was mich reizt, statt immer nur Sicherheit zu wählen!«

Virginia Satir

INHALTSVERZEICHNIS

Vorwort 9
Einleitung 13

**VERLIEBTSEIN IST
KEINE KUNST!** 22
Ich gebe dir den wichtigen Platz in
    meinem Leben 26
Ja und Nein 30
Ich bin ich und du bist du 31
Was ich tun kann 34

**WIE GEHT ES WEITER NACH
DEM VERLIEBTSEIN?** 36
Die Macht unserer inneren Bilder 40
Was ich tun kann 41
Über Spielen und Beziehung 42
Was ist richtig für mich? Wo liegen meine
    persönlichen Grenzen? 45
Was ich tun kann 47

**WAS BRINGEN WIR MIT? AN
WELCHE ROLLEN GLAUBEN WIR?** . . 48
Welche Erfahrungen bringen wir aus
    unserer Kindheit mit in die Partner-
    schaft? 50
Fakten zur Gewalt 52
Was ich tun kann 53
Welche Erfahrungen bringen wir aus
    unserer Kultur mit in die Partner-
    schaft? 54
Welche Rolle spiele ich? An was
    glaube ich? 54
Eine Sucht nach Erlösung und Machbarkeits-
    fantasien 58
Vom bedingungslosen Gehorsam zur eigenen
    Verantwortung 60
Was ich tun kann 63

LÖSEN UND BINDEN 64
Müssen wir perfekt sein? 66
Der Weg zu neuen Beziehungsformen 69
Ohne Haltbarkeitsgarantie 71
Was ich tun kann 73

SEXUALITÄT 74
Die Idee unserer Liebe 76
Frieden unter der Bettdecke 80
Was ich tun kann 82
Die Mosuo – sie empfinden die Ehe
    als unnatürlich 82
Treue, Betrug und Vergebung 83
Ganz gewöhnlicher Ehebruch oder die
    Sehnsucht, ein Paar zu bleiben? 87

MACHT IN UNSERER BEZIEHUNG:
WER HAT SIE, WIE WIRD SIE
BENUTZT UND WIE GEHEN WIR
DAMIT UM? *90*
Du sollst nicht merken ... 95
Was ich tun kann 97
Zwischen Eltern und Schwiegereltern 98
Was ich tun kann 100
Verachtung und Vorurteile 100
Was ich tun kann 103

STREITKULTUR: VOM PAAR-
KONFLIKT ZU HOFFNUNG UND
HEILUNG. *104*
Das Paar im Zentrum 107
Was ich tun kann 110
Angst – woher und wohin damit? 113
Gewalt in Beziehungen – häusliche
    Gewalt 114
Was ich tun kann 115
Von der Schonkultur zur Streitkultur 118
Kümmern Sie sich um Ihre Beziehung 120
Vorwurf und Rechtfertigung 123
Was ich tun kann 125

EINE UNVERWÜSTLICHE
BEZIEHUNG. *126*
Wunsch nach Nähe oder Wunsch nach
    Distanz? 128
Was ich tun kann 131
Die mystifizierte Ehe 132
Was ist ein Erwachsener? 133
Leiden ist leichter als Handeln 137

CHANCEN ALS SCHÄTZE HEBEN . . . *138*
Selbstvertrauen und Selbstwert 141
»Ich finde deine Haut alt« 143
Was ich tun kann 146
Über den Verzicht 147
Ehe-Tandem? 148
Modell der Inklusion – einbeziehen statt
    ausschließen 151
Erst »happy« und dann »end«? 153
Was ich tun (oder lassen) kann 155
Fremdgehen 156

WIE REDEST DU DENN MIT MIR!
ÜBER KOMMUNIKATION *158*
Umgang mit Stress in der Beziehung 161
Eigen-Verantwortung 161

WENN DIE LIEBE GEHT. *166*
Zusammenhalten im Abschied 169
Wir schaffen das 173
Wir tun nichts, was dir oder mir schadet 174
Wenn Papa und Mama sich nicht
    mehr küssen 175
Was ich tun kann 176
Partnerschaften scheitern nie! 177
Verarbeitungsschritte 178

Danksagung 180
Weiterführende Literatur 182
Fotonachweis 190

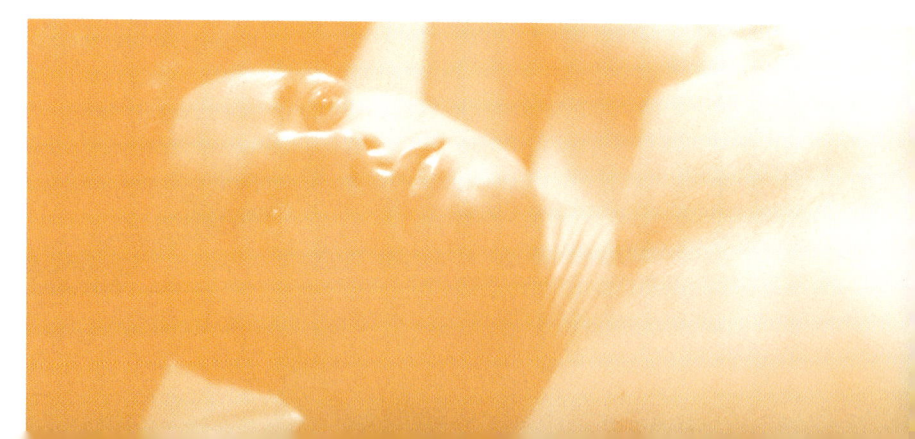

VORWORT

Ja, wie schaffen wir es, unsere Verliebtheit in eine während Liebe zu wandeln? Für die ganz Schnellen unter Ihnen hier die wichtigen Punkte, wie ich sie erlebe:

Unbedingtes, gegenseitiges Vertrauen. Wissen, dass ich als erwachsener Mensch allein bin – allein und dennoch mit allem verbunden. Mir sicher sein, dass ich den Partner nicht ändern kann. Fair miteinander umgehen. Den Partner so akzeptieren, wie er ist, und mich auch so nehmen, wie ich bin. Gemeinsame Werte finden. Sich neu entdecken wollen.

Falls das manchen zu schnell ging, führe ich diese Erfahrungen im Folgenden noch etwas weiter aus. Diese Beschreibungen sollen Sie inspirieren und nicht belehren. Jedes Paar muss für sich den richtigen Weg finden. Und trotzdem gibt es Erfahrungswerte, die bei den als glücklich beschriebenen Partnerschaften, gelten. Wenn ich es in drei Worten zusammenfassen will: Respekt, Fairness, Anziehung. Respekt mir gegenüber einfordern und auch respektvoll dir gegenüber sein. Fair miteinander umgehen. Die Anziehung genießen, die uns geschenkt ist und die wir nicht herstellen können. Respekt und Fairness können wir trainieren, die Anziehung entzieht sich unserem Wollen.

Ach ja, und wenn Sie ein ganz sicheres Mittel suchen, wie Ihre Beziehung misslingt, dann nehmen Sie sie einfach nicht als die wichtigste Sache der Welt, sondern kümmern Sie sich um alle möglichen anderen Dinge. Als Nächstes verstehen Sie unter bedingungslosem Zusammenhalt bedingungslosen Gehorsam. Und führen Streit so lange, bis Sie sich verletzen. Oder Sie streiten sich nie und tun, als ob Sie immer eins wären. Wenn das noch nicht reicht, Ihre Partnerschaft zu ruinieren, dann versuchen Sie es mit Unterdrückung, Drohung und Gewalt. Und wenn Sie dann immer noch nicht miteinander fertig sind, dann bleiben Sie eben zusammen – dann hilft dieses Buch auch nicht mehr.

Beziehungen durchlaufen verschiedene Phasen und jede Phase bietet Krisen und Chancen.

Ziel dieses Buches und meiner Beratung ist es, Paare, und Menschen allgemein, bei der Suche nach neuen Wegen in der Beziehung zu unterstützen und zu bestärken. Heute finden wir eher ein Zuviel an Theorie und Wissen vor und ein Zuwenig an Beziehung. Wenn ich in Beziehung komme, lasse ich die Maske fallen. Dann spiele ich nicht Partner oder Mann oder Frau, sondern ich werde immer mehr ich selbst. Ich mute mich sozusagen mir und dann dir zu! Mit allem, was ich bin und nicht bin.

In dem, was auf den nächsten Seiten folgt, geht es um Grundwerte, wie etwa die Verantwortung für das zu übernehmen, was wir in der Beziehung gemeinsam geschaffen haben. Partner sollten dafür Verantwortung übernehmen, was in ihren Beziehungen möglich ist und was nicht. Können Sie akzeptieren, dass nur Sie in der Lage sind, Ihre Beziehung zu verändern? Dafür ist es möglich, sich gelegentlich von außen Hilfe zu holen. Aber zu einer echten Veränderung wird es nur kommen, wenn alle am gleichen Strang ziehen und bereit sind, auch dorthin zu gucken, wo es vielleicht wehtut – in die eigene Seele.

Dieses Buch soll als Grundlage und Anstoß für das eigene Weiterdenken dienen und Sie ermutigen, gemeinsam eine Lösung zu finden. Diese Lösung könnte das Zusammenhalten ohne Wenn und Aber zur Grundlage haben. Ein bedingungsloses Zusammenhalten, das nicht auf einer Garantie beruhen muss. Das schon gar nicht eingefordert werden kann! Dieses Zusammen*halten* könnte unabhängig vom Zusammen*bleiben* sein. Damit wäre es ziemlich frei von persönlichen Interessen – und Ihr gemeinsames Wohl könnte im Zentrum Ihrer Handlungen stehen. Dann stünde die menschliche Verbundenheit zwischen Ihnen als Partnern im Vordergrund. Dann wäre das Gefühl der Zugehörigkeit wichtiger als das täuschende Gefühl, den anderen besitzen zu können. Wäre dieser Stein des Anstoßes zu weit geworfen? Wäre es besser, doch lieber alles so zu lassen, wie es ist? Zur Sicherheit? Einer Sicherheit, die uns fast umbringt und sich am Ende einfach aus dem Staub macht?

Diese Gedanken erscheinen uns vielleicht fremd. In einer Zeit, in der wir Arbeit als weisungsgebundene, abhängige Beschäftigung beschreiben, gehen wir oft auch mit unseren Beziehungen ähnlich um. Wir verbinden uns nach vorgegebenen Ritualen und bringen uns in gegenseitige Abhängigkeit. Gehorsam wird eingefordert und ist gewünscht. Das so zu formulieren ist keine Breitseite gegen die Ehe, es ist eine Breitseite gegen unseren Umgang mit Ehe. Die Sicherheiten, die wir mit dem Schwur der ewigen Treue zu erkaufen trachteten, gab es nie. Und, noch schlimmer, gerade diese Sucht nach Ewigem, Garantien, Absolutem, Einheit, hat uns in die Misere gebracht, die Millionen von Beziehungen heute erleben.

Das Buch durchzieht eine Hoffnung: dass Veränderung unsere Beziehungen und Ehen nicht nur »überfällt«, sondern dass wir sie bewusst zu gestalten vermögen – wenn wir das Interesse füreinander und am eigenen Leben behalten.

Wie kann man Paare überzeugen, dass sie ihre Art zu denken leichter verändern können als den Partner?

Eine weitere Motivation, dieses Buch zu schreiben, kommt aus der entgegengesetzten Ecke: aus der Abneigung gegen das Überhandnehmen des *Alarmismus*, jener panischen Haltung der Zukunft gegenüber, mit der in unserem Kulturkreis Aufmerksamkeit erzwungen wird. Die große Aufgabe unserer Zeit ist das Herstellen von Beziehung in Ehen, Familien, Schulen, Unternehmen, die sich durch Individualismus, die Informations-, Bildungs- und Wissensgesellschaft und die Globalisierung eher bedroht fühlen. Damit Beziehungen Gestalt annehmen und Wirklichkeit werden können, brauchen wir neue Absprachen, die Gegensätze achten und Gemeinsamkeiten hervorheben, die Unterschiedlichkeit als Herausforderung und Bereicherung begreifen und den eigenen Standpunkt auf den Markt der Ideen, Vorstellungen und Ansichten einbringen. Deshalb soll dieses Buch Mut machen, die eigenen Dinge in die Hand zu nehmen, getreu der Aufmunterung eines wunderbaren Lehrers, der unsere Kinder motiviert, neue Aufgaben mit dem Wahlspruch anzugehen: »Ich kann es, und ich tue es!«

Ich möchte Sie gerne dazu gewinnen, genauer bei sich hinzuschauen. Manchmal ist dazu professionelle Hilfe nötig. Die gibt es und es tut gut, sich einem anderen Menschen zu öffnen, um auf Eigenes, Schweres nicht allein schauen zu müssen, wenn es Zeit ist, dranzugehen. Wann ist es Zeit? Wenn es nicht vorwärts geht in Beziehung zu Partnern, Kindern, im Beruf. Wenn ich mich unwohl fühle, unerklärliche Angst spüre, wenn Hilflosigkeit ein vertrauter Zustand geworden ist. Wenn Freude kein selbstverständlicher Teil meines Lebens mehr ist.

Was können Sie gewinnen? Sie können Ihren Schmerz anschauen und verarbeiten: so, dass Ihre Seele nicht mehr weint, wenn Sie an alte

Jenseits von Glück und Unglück ist Frieden. Glück und Unglück sind davon abhängig, wie wir die Umstände deuten. Innerer Frieden nicht.

Erfahrungen rühren, sondern diese Wunden heilen. Die Narben bleiben und erinnern an das, was war. Sie können den Zusammenhalt mit Ihrem Partner gewinnen, der sie beide weiterträgt. Dann sind Sie frei für Neues. Ein neues Glück zu zweit.

Ich wünsche Ihnen auf diesem Weg Standhaftigkeit. Dass er auch schmerzhaft ist, wissen Sie selbst. Ich will Sie bestärken und ermuntern, loszugehen. Denn bisher gibt es keine Erkenntnisse, dass wir uns anders aus diesen Verstrickungen lösen könnten. Die Methode ist zweitrangig, sie bleibt Mittel zum Zweck. Der Zweck ist die Heilung der Wunden, das gelingt durch Anschauen dessen, was war. Das gelingt am besten durch Austausch mit guten Helfern und durch Reflexion mit dem Partner. Dafür brauchen Sie Vertrauen. Ich wünsche Ihnen die Kraft zu vertrauen. Vertrauen Sie auf einen guten Ausgang!

Das ist für mich eine Hoffnung, die sich in diesem Buch, vielleicht auch für Sie, ausdrückt. Dass wir zuversichtlich sein können, dass wir uns auf das Morgen freuen können, dass wir etwas unternehmen können, dass wir unsere Beziehungen verbessern und die Chancen nutzen können, die sich verlieben. Und dass wir – mit einem Augenzwinkern – akzeptieren, dass es »Is, wie et is« und »Kütt, wie et kütt«, wie die Rheinländer wissen. Ich wünsche Ihnen und Ihrem Partner den größtmöglichen Nutzen aus diesem Buch.

Ihr
Mathias Voelchert

EINLEITUNG

Die Zahl der wichtigen Begegnungen in unserem Leben ist begrenzt. Wenn sich Chancen, die sich gefunden haben, verlieben, ist das wie ein Geschenk des Lebens an diese beiden Menschen. Es macht Hoffnung und verspricht das Glück, nicht allein zu sein. Oft sind unsere Erwartungen an diese Partnerschaft sehr groß. Eine glückliche Partnerschaft zu führen gehört für die meisten von uns zum Wichtigsten, was wir uns wünschen. Was wir zum Gelingen beitragen können, davon handelt dieses Buch.

Wir sehnen uns nach dem Glück zu zweit! Dass wir in Ruhe und Frieden zusammen leben und uns des Lebens erfreuen können. Unsere gelebte Realität sieht anders aus, ganz anders, als es uns oft in den Medien vorgegaukelt wird. Und trotzdem verlieben sich Chancen, Möglichkeiten, ineinander, um alte Wunden zu heilen und gemeinsam aneinander zu wachsen.

Menschen fühlen sich häufig enttäuscht von dem, was in ihrer Partnerschaft möglich oder nicht möglich war. Sie beginnen an sich, der Beziehung, am anderen zu zweifeln. Dabei ist es doch ziemlich einfach: Wenn wir die Partnerschaft nicht isoliert betrachten, sondern als Folge unseres Lebens bisher, von Geburt, Erziehung, von Schwerem und Schönem, das uns geprägt hat, können wir das in unsere Paarbeziehung geben, was in uns steckt. Oft stecken tiefe Verletzungen in uns, die nur zu ertragen waren, indem wir die Wahrnehmung dieser Gefühle abschalteten, um nicht mehr spüren zu müssen, was wir nicht aushalten konnten. Dieses Nicht-aushalten-Können rührt aus dem Konflikt, dass oft die, die für unseren Schutz zuständig gewesen wären, gleichzeitig auch die waren, die uns mit Worten und Blicken entwürdigt, uns vielleicht körperlich oder mit Worten misshandelt oder uns auf andere Weise in Bedrängnis gebracht haben.

Das stürzt uns schnell in einen Loyalitätskonflikt mit unseren Eltern, mit unserer Herkunft, mit dem, was wir als unser Fundament erleben.

Es geht im Leben nicht darum, gute Karten zu bekommen, sondern um die Kunst, mit einem miesen Blatt möglichst gut zu spielen.

frei nach Robert Louis Stevenson

Das in Frage zu stellen ist für manche undenkbar, für andere schmerz-lich, und es bedarf einiger Übung, neben dem Schmerzlichen die erhaltenen Geschenke nicht zu übersehen. Dazu ist es nötig, die Ver-antwortung für das eigene Handeln zu sich selbst zu nehmen und die Fremdbestimmung zu beenden. Das gelingt peu à peu, es braucht Zeit. Sie können Ihre eigene Betroffenheit an dem Widerstand messen, den Sie diesem Thema entgegenbringen. Dieses Buch soll eine Anregung bieten, darüber nachzudenken, welche Art von Beziehungen wir als Kinder erlebt haben und welche Beziehung wir mit unserem Partner leben wollen. Was ich auf den folgenden Seiten in Worte zu fassen ver-suche, ist vergleichbar mit einem Puzzle. Wenn man Glück hat, bringt man die Teile so zusammen, dass daraus Stück für Stück ein Gesamtbild sichtbar wird. Ein Gesamtbild unserer selbst, eine Erklärung, warum wir so geworden sind.

Bei meiner Suche nach dem, was das Zusammenleben von Paaren so schwer macht, bin ich zu dem Ergebnis gekommen, dass es nicht an den Menschen liegt, sondern an den Vorstellungen, die sie im Kopf haben. Sie halten diese Ideen für wichtiger als sich selbst und den Men-schen, mit dem sie zusammen sind! Sie opfern eine gute Partnerschaft, nur weil etwas eingetreten ist, das sie mit ihren Ideen und Moralvor-stellungen nicht vereinbaren können. Aber anstatt ihr Wertekostüm anzugleichen, versuchen sie, den Mensch an ihre Ideologie und Über-zeugung anzupassen. Das geht regelmäßig schief. So sollte die eigent-liche Frage lauten: »Willst du meine Wertvorstellungen mittragen, bis der Tod uns scheidet? Und auch ich garantiere dir, dass ich meine Wer-te nie mehr ändern werde.« Aber Sie merken selbst, das wäre das Ende jeder Entwicklung, da ist die Liebe und die nächste Chance schon über alle Berge. Was können wir dann versprechen? Ich glaube, wir können eine rechtschaffene Absicht ausdrücken, nichts garantieren, fair mitein-ander umgehen und es nehmen, wie es kommt.

Es geht in diesem Buch ständig darum, innere Bilder, die uns lähmen, die uns zu eng geworden sind, uns einschränken und in Sackgassen füh-ren, zu hinterfragen. Und im Gegenzug darum, innere Vorstellungen wachzurufen und neue Erkenntnisse einzulassen, die uns stärken und unser Denken und damit unsere Handlungsmöglichkeiten erweitern. Jeder hat individuelle Erfahrungen mit Beziehungen. Jeder ist Experte.

*Manches kann
man nur zu
einer bestimmten
Zeit sagen,
dazu bleibt oft
nur diese
eine Chance.*

Diese Texte richten sich nicht gegen Einstellungen, Haltungen, Überzeugungen, Glauben – wenngleich immer wieder die Frage gestellt wird: »Nutzen diese Haltungen dem System oder den beteiligten Menschen?« Oft werden die Antworten jeder Leserin und jedes Lesers dazu unterschiedlich ausfallen. So ist die Absicht dieser Texte nicht zu spalten, sondern im Gegenteil: einzubeziehen statt auszuschließen. Schließlich ist das Gegenteil, die andere Sicht der Dinge, noch immer Teil derselben Medaille, und vielleicht kann der nächste Schritt erst gegangen werden, wenn alle Seiten dieser Medaille angesehen sind, auch das Dritte, in diesem Bild wäre das der Rand der Medaille.

Sich von Altbewährtem zu verabschieden ist beschwerlich und macht manchmal Angst, aber wir können unser Glück nur zu packen kriegen, wenn wir uns bewegen. Wie und wohin, das entscheiden Sie bei jedem Schritt selbst.

Es tut gut, sich selbst besser verstehen zu können und damit auch den Partner. Es tut gut, mehr mit sich in Beziehung zu kommen und damit überhaupt frei für Beziehung zu anderen zu werden. Es kostet Sie die Oberflächlichkeit und es braucht Ihr ernsthaftes Interesse an sich selbst. Denn bei Ihrer selbst angetriebenen Heilung ist es nicht mit Lesen und Reden getan, es braucht Ihren Willen zu handeln. Der

Antrieb für diese Veränderung ist das, was bisher nicht gelungen ist und Schmerzen, etwa in Form von Ängsten, gemacht hat.

Finden wir den Mut, um wieder miteinander sprechen zu lernen über die wirklich wichtigen Dinge, die dich und mich berühren. Persönliche Antworten finden auf die ewigen Menschenfragen: Was ist der Sinn meines Lebens? Nicht nur wiederholen, was wir vorgesagt bekommen, sondern hinterfragen: Tut mir das noch gut? Die Fragen zu stellen, die mich, und uns beide, weiterbringen, und dabei wissen, dass durch unsere Fragen noch weitere Fragen entstehen. Dadurch kommen wir in Beziehung!

Unser Ich ist nicht die Mitte unserer Existenz, unser Ich macht uns zu Menschen, aber erst im friedlichen Erkennen des Du erleben wir Erfüllung. Mit vielem sind wir am Ende unserer Weisheit angelangt. Wenn die dringendsten Bedürfnisse befriedigt sind, wenn die oberflächlichen »Weiter so«!-Sprüche verhallt sind, fragt sich ein jeder, wie und wofür er lebt. Diese Sinnfrage steht für mich im Zentrum der derzeitigen Veränderungen von Beziehungen. Die fehlende Orientierung der Partnerschaft auf Menschenwürde hin ist für mich eine der Erklärungen für die hohe Zahl an Trennungen mit unbefriedigendem Ausgang und hohem Wiederholungscharakter.

Es kann nur das gelingen, was auch schiefgehen darf.

Unser dualistisches Weltbild hat uns vom Größeren, von unserem Ursprung, getrennt. Die alte Tradition, die Welt in »Gut und Böse« zu teilen, hat uns seelischen Schaden gebracht. In Schule, Erziehung, Beruf, in den monotheistischen Religionen Islam, Judentum und Christentum werden wir zum Gehorsam erzogen. Wir erhoffen Heilung von einem Gott, den wir ins Außen transportiert haben, dementsprechend erhoffen wir uns auch, dass »Du« mich glücklich machst.

Wenn wir die Einheit erfahren, und das ist die Liebe zu allem, zur Natur, zum Partner, der sich getrennt hat, zu unseren Eltern, ohne ihr Tun zu beschönigen und sie damit zu decken, die Einheit erleben zu unseren Kindern, die nicht so werden, wie wir wollen, erst wenn wir diese Einheit *in uns* erleben und herzustellen versuchen, tritt Kontakt zu unserem Selbst auf. Zufriedenheit ist dann unvermeidlich.

Ich hatte vor 30 Jahren eine eindrückliche Erfahrung. Eine Lehrerin fragte mich: Wo bist du, wenn du »hier« bist? Na hier, sagte ich. Und wo bist du, wenn du »dort« bist?, fragte sie und zeigte mit der Hand zur Tür in fünf Meter Entfernung. Na, »dort«, sagte ich. Falsch, sagte sie, geh rüber. Ich stand an der Tür. Wo bist du jetzt? Aha! Jetzt bin ich auch »hier«!

Ähnlich ist es mit der Zeitenabfolge von Vergangenheit, Gegenwart und Zukunft. Wir sind nur im Hier und Jetzt handlungsfähig, keine Sekunde davor und keine danach. Jedoch wirkt unsere Vergangenheit auf uns in unseren Erinnerungen, und die Zukunft wirkt auf uns in unseren Erwartungen. Die Wirklichkeit ist etwas anderes, als unser »Ich« uns vorspielt. Diese Erfahrung bestätigen uns die Hirnforschung und die Quantenphysik. Liebe ist ein anderes Wort für Einheit. Chancen verlieben sich, um diese Einheit zu leben, für Sekunden in sexueller Vereinigung, für Minuten in Zärtlichkeit, für Tage und Jahre in Verbundenheit in Partnerschaft und Familie. Das ist eine existentielle Erfahrung der Liebe, keine persönliche. Wenn es uns gelingt, diesen überpersönlichen Aspekt in die Partnerschaft einzuführen, entsteht Mitgefühl für uns selbst und unseren Partner. Solche Partnerschaften erleben wir als glücklich.

Nur die Liebe hat Zukunft: eine Liebe, die einbezieht statt auszuschließen.

Viele von uns haben vor nichts mehr Angst als vor dem Scheitern der Partnerschaft. Allein schon das Wort »Scheitern« lässt wenig Inter-

Mit dir ist die Welt so gut es geht.

pretationsspielraum. Und doch! Ohne Scheitern, ohne Fehler würde es uns nicht geben. Wir sind, so sagt die Wissenschaft, das Produkt von Mutationen, also »Fehlern«. Unser aufrechter Gang ist ein ständiges Abfangen vor dem Hinfallen, ein Pendeln zwischen Stabilität und Instabilität. Es geht heute um eine neue Sicht von nicht Gelungenem, sogenannten Fehlern in Beziehungen, Ehen, Partnerschaft. Es geht darum zu sehen, dass wir diese »Fehler« machen müssen, um daraus zu lernen. Wer keine Fehler macht, in Beziehungen, der bewegt sich nicht. Wer sich nicht bewegt, in Beziehung, erstarrt und wird seine Lebendigkeit, und bald seine Liebe, verlieren. Wer Neuland betritt, macht unweigerlich Fehler. Unser Versuch, perfekte Beziehungen zu inszenieren, ist das, was sicherlich scheitert. Nur noch die TV-Soaps bleiben daran hängen.

Beziehungen sind nicht »fertig«, Gott sei Dank! Beziehung, Partnerschaft, Ehe ist eine Verabredung zum Wachsen aneinander. Diese Partnerschaft ist *die* Chance zu meinem Wachsen. Einem Wachstum und Lernchancen, die ich alleine nicht hätte. Ehen, Partnerschaften finden statt, um Gegensätzliches und Ähnliches miteinander zu leben. Sie zerbrechen nur, wenn diese Entwicklung nicht mehr möglich ist. Unsere Trauer darüber ist dann die Trauer über die vertanen Chancen und die zerbrechenden Illusionen.

Die Vermeidung von Krisen in Beziehungen wirkt sich aus wie Denk- und Entwicklungsverbote. Wie wir mit den Schwierigkeiten in unseren Beziehungen umgehen, zeigt, wo wir selbst stehen. Ob nahe der Beziehungsinquisition, die die bestehenden Verhältnisse ohne Rücksicht auf die Menschen fest- und fortschreiben will, oder näher einer Beziehungstoleranz, die sich an dem orientiert, was wir beide miteinander aushandeln können. Bei Beziehungschancen und -krisen werden unbekannte Räume erkundet und neue persönliche Fähigkeiten entdeckt.

Wie können wir eine Beziehungskultur schaffen, die uns hilft, mit dem, was sich in Familie und Ehe zeigt, mutig umzugehen, statt ermattet aufzugeben? Es kann nur das gelingen, was auch schiefgehen darf. Es muss nicht jedes Rad neu erfunden werden, doch aus maschinenhafter Wiederholung erwächst nichts Neues. Sehr häufig entsteht nach einer Trennung der Wunsch nach neuen Chancen, die sich verlieben können. Wenn wir hierbei zu wenig Bewusstsein entstehen lassen, bleiben wir im Rad der Wiederholungen gefangen. Dem Leben ist das gleichgültig, uns kostet das Lebenszeit.

Gehen Sie *mit* den Irritationen, die Sie in Ihrer Partnerschaft erleben, gehen Sie *mit* dieser Kraft, die Sie »am Wickel« hat. Sie haben nur die Chance, sich von diesem Fluss der Veränderungen tragen zu lassen. Gegen den Strom des Lebens zu schwimmen, gelingt keinem lange. Die Fähigkeit, mit den sogenannten »Störungen« im Leben konstruktiv umzugehen, ist die Voraussetzung, um Neues zu lernen! Verweigern wir uns, entstehen Verbitterung, Selbstverleugnung und Angststarre.

Schaffen Sie zusammen mit Ihrem Partner eine Atmosphäre des Wohlwollens, um die Hürden, die sich ganz speziell in Ihrer Partnerschaft stellen, gemeinsam zu überwinden. Der Dreh- und Angelpunkt ist doch die Frage: Schaffen wir es, in unserer Beziehung miteinander ins Gespräch zu kommen, bevor das Vertrauen in Misstrauen umschlägt? Wenn wir diese Vertrauensbasis frühzeitig stärken, kann uns kaum eine Krise mehr aus dem Ehesattel hauen. Diese Fähigkeit zu vertrauen wird früh gelegt, doch wir können sie Stück für Stück aufbauen, falls wir zu wenig davon mitbekommen haben. Dazu braucht es Menschen, die die Chancen nutzen, die sich da verliebt haben. Beziehung, Ehe, Familie als freudiges Sicheinlassen, um zusammen zu leben und voneinander zu lernen.

Das ist kein leichtes Unterfangen in einer Gesellschaft, die das Selbstwertgefühl des Einzelnen systematisch ruiniert. Die Essenz einer beziehungsfreundlichen Kultur ist die Erkenntnis, dass jede Beziehung anders ist, dass jeder Mensch anders ist. Wenn wir die Unterschiedlichkeit und die Ähnlichkeit fördern, gelingt eine besondere Beziehung. Wir erkennen sie an der Strahlkraft der Menschen, die diese Beziehung leben. Erkennen Sie, dass Ihre Beziehung einmalig ist auf dieser Welt und nicht noch einmal existiert. Chancen haben sich verliebt, jetzt liegt es an uns, sie zu nutzen.

Partnerschaft ist eine Wachstumsveranstaltung, keine Harmonieveranstaltung.

VERLIEBT SEIN IST KEINE KUNST!

»Je mehr ich von dir wusste, desto besser glaubte ich, dich zu kennen. Doch eigentlich erfuhr ich erst durch dich wirklich etwas *über mich*. Etwas, das ich bis dahin nicht gekannt hatte. Ich konnte die Frage gar nicht stellen, ob du mich liebst, sie erschien mir zu banal, zu schwer, zu bedeutungsvoll, zu abgegriffen, eigentlich unwichtig, oder habe ich mich nur nicht getraut? Augenblicke, die ich vor dem Vergessen retten wollte, habe ich ziehen lassen wie Luftballone. Momente, die wir nie erleben wollten, haben sich eingebrannt in unsere Seelenhaut und tun noch weh. Die Bilder, auf denen du nicht wusstest, dass du geknipst wirst, stimmen mich wehmütig. Dein Lächeln, dieses Lächeln, nur einmal noch ... Oft genug ist mir in den wichtigen Momenten mit dir nur dieses Schweigen eingefallen. Doch auch diese unhörbaren Worte haben uns mehr verbunden, als ich dachte. Warum kann ich nicht für immer verliebt bleiben? Warum fühle ich mich manchmal so allein?«

Wer sich verliebt, leugnet die Realität. Und diese Unwirklichkeit ist wunderschön! Du und ich verlieben uns in ein Bild im eigenen Kopf, das wir uns gegenseitig überstülpen. Ein Bild von dem, wie ich gern wäre und dich gern hätte. Damit ist das Verliebtsein aber keine große Enttäuschung, sondern der Beginn einer großen Chance! Diese Chance gilt es zu nutzen, ein Leben lang. Mit demselben Partner oder mit einem anderen. Ohne Moral, aber mit Feingefühl und Spürsinn.

Jede Partnerwahl ist unbewusst bestimmt zum Beispiel durch kleine Bewegungen oder Veränderungen im Mienenspiel. Das ist nicht nur am Anfang so, sondern jederzeit in einer bestehenden Beziehung. Sich zu verlieben, passiert uns ohne unser bewusstes Zutun, wir können es kaum verhindern. Wir verlieben uns in die Möglichkeiten, miteinander zu wachsen. Verliebtsein ist keine Kunst! Eine gute Beziehung und Erotik in späteren Beziehungsphasen hinzubekommen, das ist die Kunst, um die es in diesem Buch gehen soll. Dazu brauchen Sie nur sich und den Partner. Und das fortwährende Interesse an Ihrer Beziehung. Sie haben den Riesenvorteil, dass mit Ihnen beiden schon die wichtigsten Beteiligten da sind. Wenn Sie beide wollen, kann nicht mehr viel schiefgehen.

Verlieben ist eine Veranstaltung zum gegenseitigen Wachstum.

Ich will mit dir, durch dich und an dir wachsen.

»Denn alle
Lust will
Ewigkeit.«
Friedrich Nietzsche

Die Psychologin Helen Fischer nennt die romantische Liebe eine Sucht erzeugende Droge. Sie vergleicht die Wirkung der romantischen Liebe mit der von Drogen auf das Belohnungssystem im Gehirn, das durch Dopamin aktiviert wird. Der durch dieses Hormon bezauberte Liebende zeigt die typischen Suchtsymptome: Gewöhnung, Entzugserscheinungen und Rückfall. Bei Abbruch der Beziehung unternimmt der Liebende daher auch alle Anstrengungen, um sich die »Droge« wieder zu beschaffen.

Was verliebt sich denn eigentlich? Es verlieben sich zwei Personen, meist Mann und Frau. Wenn auch für die rund zehn Prozent gleichgeschlechtlich Verliebten in etlichen Aspekten besondere Bedingungen gelten (die in einer weitgehend heterosexuell orientierten Gesellschaft nicht gerade dazu angetan sind, eine dauerhafte und lebendige Beziehung zu erleichtern), so ergibt es sich doch in einer Liebesbeziehung gleich welcher »Zusammensetzung« immer: Wir schauen auf den anderen vom Standpunkt des Ichs aus – mit der Frage: Werde ich von dir das bekommen, was ich erwarte?

Beim Verliebtsein habe ich ein Bild vom anderen, ohne ihn zu kennen. Ich träume mir dich sozusagen zurecht. Die Flut der Hormone,

Chancen haben sich verliebt, jetzt liegt es an uns, sie zu nutzen.

»Es gibt kaum ein Unterfangen, das mit so ungeheuren Hoffnungen und Erwartungen begonnen wird und das mit einer solchen Regelmäßigkeit fehlschlägt wie die Liebe.«

Erich Fromm, Die Kunst des Liebens

die erträumten Wunschbilder nehmen mir den klaren Blick. Aber ich verliebe mich auch in die Möglichkeiten, die sich durch unsere Beziehung auftun! Das Aufwachen aus der Verliebtheit ist sozusagen die Voraussetzung für das Entstehen der Liebe.

Wenn wir uns gefunden haben, was hält dann unsere Beziehung zusammen? Der Paartherapeut Jürg Willi nennt »Liebe, die Identifikation mit der Beziehung, der Austausch im Gespräch und die persönliche Entwicklung in der Partnerschaft« als die wichtigsten Faktoren.

Bei Verliebten gleichen sich die Testosteron-/Östrogenspiegel so weit an, dass kaum mehr ein Unterschied besteht zwischen »Männlein« und »Weiblein«. Das erklärt auch unser Gefühl von Verschmelzung und Einssein am Beginn unserer Liebe.

ICH GEBE DIR DEN WICHTIGEN PLATZ IN MEINEM LEBEN

Paare, die sich verlieben, haben etwas Wichtiges vor. Sie wollen sich gegenseitig etwas schenken, was keiner allein haben kann: geliebt zu werden. Dazu müssen sie frei füreinander sein. Um sozusagen Platz für eine neue Beziehung zu haben, muss Raum geschaffen werden von denen, die diesen Raum bisher eingenommen haben. Manchmal wollen diejenigen nicht das Feld räumen, weil sie vielleicht befürchten, in Vergessenheit zu geraten, oder meinen, dass dadurch ihre Verdienste nicht mehr gesehen werden. Aber sie sollten auch nicht »rückstandsfrei« entfernt werden. Wichtig ist, dass sie einen guten Platz in meinem Leben bekommen, damit ich frei für Neues werden kann. So gehört zu einem guten Anfang auch das gute Ende dessen, was vorher war.

Lösungen liegen dabei oft jenseits des unmittelbar Sichtbaren. Das Unmittelbare ist das Paar. Diese beiden sind Teil eines Familiensystems, aus dem sie kommen. Um sich von diesem Familiensystem, aus dem jeder kommt, teilweise zu lösen – um für den Partner frei zu werden – , ist es nötig, sich anzuschauen, welches Band mich noch dort hält. Das kann eine tiefe Verbundenheit mit Vater oder Mutter sein. Oder auch

»Paare sind wie Festungen, sie halten zusammen
gegen alle Geliebten, so wie sie vereint
das Finanzamt betrügen.«

Bodo Kirchhoff, *Mein letzter Film*

Die Sehnsucht, zu lieben oder geliebt zu werden, kann die Wahrnehmung verändern.

eine tiefe Verbindung mit einem Vorfahren, mit dessen Schicksal mich etwas verbindet. Vielleicht habe ich als Frau tief in mir die Idee, dass kein Mann mit meinem Vater je konkurrieren kann, und lasse mich deshalb auf keinen Mann wirklich ein. Vielleicht habe ich als Mann das Bild, ich würde meine Mutter verleugnen, wenn ich meiner Frau den wichtigsten Platz in meinem Leben gebe. Viele Männer sind es gewohnt, ihre Mutter immer noch an die erste Stelle zu setzen – daneben stehen die Frauen, die ihre Eheprobleme immer mit ihrer Mutter besprechen und lösen wollen. So kann keine Verbindung mit dem Partner oder Ehepartner entstehen. Ja, bei genauerer Betrachtung steht genau dieses Verhalten einer partnerschaftlichen Lösung im Weg. Das Ja zum Partner bedeutet auch die Abgrenzung zu den eigenen Eltern. Jetzt gründe ich eine neue Familie. Nun steht diese Frau, dieser Mann, an erster Stelle in meinem Leben. Sich diesen Verzicht bewusst zu machen ist nötig. Deshalb ist die erste Aufgabe nach dem Verliebtsein, sich emotional von der eigenen Familie zu lösen und diesen Platz mit dem Partner zu teilen. Damit wird die Beziehung zur jeweiligen Herkunftsfamilie neu beschrieben. Mein Partner hat den ersten Platz, meine Eltern, Geschwister treten an die zweite Stelle.

Damit werden Eltern nicht des Feldes verwiesen. Mutter und Vater bleiben immer, was sie für uns waren – Mutter und Vater. Dafür würdigen wir sie. Als Kinder dürfen wir aber auch auf das schauen, was unseren Eltern nicht möglich war. Aufgrund ihrer eigenen Erlebnisse, ihrer Fähigkeiten und Unfähigkeiten. Das brauchen wir ihnen nicht vorzuwerfen und nicht zu verzeihen. Aber wir müssen es anschauen, um es loslassen zu können. Um selbst frei zu werden für eine neue Partnerschaft und Familie.

Paare von heute dürfen nicht erwarten, dass Eltern oder Schwiegereltern sie ermuntern, ihre eigenen Werte oder Freiheiten zu entdecken. Sie müssen sich selbst auf den Weg machen und miteinander aushandeln, wie sie zukünftig zusammen leben wollen. Die gute Nachricht ist, dass es möglich ist, über den Schatten der eigenen Sozialisation zu springen und damit uns unsere eigenen Gesetze zu geben, nach denen wir glücklich werden. Ja, es ist sogar die einzige Möglichkeit, den gerühmten »mittleren Weg« zu finden zwischen traditionellen Vorstellungen (so war es immer schon, so wird es immer sein) und chaotischem Durcheinander.

Wenn wir ein Paar werden und der Schwung der ersten Liebe vorbei ist und wir uns wirklich füreinander entscheiden wollen, dann ist diese Entscheidung für das Neue nur möglich, wenn wir das Alte loslassen. Das Alte ist, in diesem Fall, unsere innere Bindung an die Herkunftsfamilie und den/die vorherigen Partner. Die Zuwendung zum Partner wird erreicht, indem die Trennung von der Herkunftsfamilie gelingt und eine gute Ablösung überhaupt gewollt wird. Das Nächste ist die Lösung von Verstrickungen in die Schicksale der Herkunftsfamilie und vorheriger enger Beziehungen. Eine hilfreiche Methode, sich einen Überblick und Erleichterung zu verschaffen, sind zum Beispiel Systemaufstellungen.

Unsere Vorfahren wussten darüber gut Bescheid: Sie kannten Initiationsrituale, die das Alte beendeten, um dem Neuen Platz zu machen. Diese (zum Teil schmerzhaften und bedrohlichen) Rituale sind heute nicht mehr durchführbar. Wenn wir diesen Schritt in die eigene Selbstständigkeit jedoch überhaupt nicht tun, fehlt uns die Kraft, uns ganz unserem Partner zuzuwenden, da ein Teil unserer Bindungskraft an die Herkunftsfamilie gebunden ist.

Eine Entscheidung für das Neue ist nur möglich, wenn wir das Alte loslassen.

JA UND NEIN

Unsere Liebesverhältnisse beginnen meist mit einem uneingeschränkten JA! Wir sind verliebt ineinander, in unsere Gleichartigkeit, in unsere Zusammengehörigkeit, in unsere Übereinstimmung und unsere Einig-

keit. Dieses uneingeschränkte, fast bedingungslose Ja zum anderen verändert sich. Denn mit diesem uneingeschränkten Ja haben wir oft, am Anfang fast unmerklich, Nein zu uns selbst gesagt und unsere Bedürfnisse zugunsten des anderen hintangestellt. Dieses Pendel schwingt jetzt zurück. Und das ist natürlich und gesund. Wir fangen an, Nein zum Partner zu sagen, und die Illusion der Einigkeit beginnt zu zerbrechen. Wir erleben dieses Ja zu uns – und damit das Nein zu Wünschen des Partners – als schwierig. Häufig rechtfertigen wir uns dafür. Denn es ist schwer, zu Menschen Nein zu sagen, die wir lieben – wenn wir es nie vorgelebt bekamen. Hilfe bringt die Unterscheidung, dass ich mit meinem Nein nicht den Menschen ablehne, sondern sein Verhalten in dem Moment oder diesen speziellen Wunsch. Wie lernen wir, mit gutem Gewissen Nein zum anderen zu sagen?

Nein wird meist nonverbal ausgedrückt. Ein Nein wird oft nicht respektiert, überhört, nicht ernst genommen. Mit einem Nein setze ich meine Grenze. Hier ist meine Grenze. Aber gerade Grenzen sind unüblich in jungen Liebesbeziehungen. Doch je schneller sie eingeführt werden, umso heilsamer für beide, wenn sie in einen fruchtbaren Dialog kommen über ihre Angst, den anderen mit diesem Nein ein Stückchen weit zu verlieren. Für Paare, die schon zu oft zueinander Ja gesagt haben, wo eigentlich ein Nein hätte stehen sollen, geschieht das Nein wie in Notwehr oder in Aggression. Es scheint, als ob man dieses Nein nur sagen dürfe, wenn man lange genug gelitten hat.

Das soll keine Aufforderung zum häufigen Neinsagen sein. Es ist eine Aufforderung, zu sich selbst Ja zu sagen und sich immer öfter zu prüfen, ob das Ja, das ich dem anderen gebe, immer noch stimmt. Es ist eine Aufforderung, sich und den Partner ernst zu nehmen. Manche legen eine innere Buchführung an und meinen, auf ein Nein müsse ein Ja folgen, damit wäre ein Ausgleich geschaffen. Aber ein Ja auf einer Ebene kann ein Nein auf einer anderen nicht ausgleichen. Diese Liebesrechnung funktioniert nicht.

ICH BIN ICH UND DU BIST DU

Niemand anders als die Partner haben die Verantwortung für die Art und Weise ihres Umgangs miteinander. Traditionell übernehmen wir gerne die Verantwortung, wenn Beziehung gelingt, wenn sie misslingt, ist jedoch der andere schuld. Dieses Verhalten tötet die Liebe – sie geht sang- und klanglos aus dieser Beziehung –, und es untergräbt die Lebenstauglichkeit beider Partner.

Der Schweizer Therapeut Arno Gruen drückt in seinem umfassenden Lebenswerk an allen Stellen den engen Zusammenhang zwischen der Liebesfähigkeit des Menschen und seiner »Demokratiefähigkeit« aus. Lieben bedeutet bei ihm, die Persönlichkeit des Gegenübers zu würdigen, zu schätzen und sich am gegenseitigen Wachstum zu freuen. Wer sich und den Partner so liebt, macht sich unabhängiger von Schein, Macht und dem eigenen Wunsch nach Größe: Fantasien, die uns viel Leid gebracht haben.

Wenn wir uns nichts sehnlicher wünschen, als mit dem anderen zusammenzusein, wenn Distanz gleich Schmerz ist und Nähe die Erfüllung, geht uns Gemeinsamkeit und Harmonie über alles. Unser Verstand und unser individuelles Ich werden von Hormonen überschwemmt, ja unterdrückt. Dann folgt häufig ein Zeitraum, in dem wir langsam wieder zu Bewusstsein kommen und unsere Individualität wieder aufnehmen.

»Ich habe gelitten, als ich die Männer verlor, in die ich mich verliebt hatte. Heute bin ich überzeugt, dass man niemanden verlieren kann, ganz einfach weil man niemanden besitzt. Das ist die wahre Erfahrung von Freiheit: das Wichtigste auf der Welt zu haben, ohne es zu besitzen.«

Paulo Coelho, *Elf Minuten*

Gelingt uns das nicht, identifizieren wir uns immer noch nur über den Partner, geht diese Beziehung schief. Das muss nicht Trennung bedeuten, es kann auch eine »ganz normale«, unbefriedigende Beziehung zurückbleiben.

Wenn wir es schaffen, an die Stelle des idealisierten *Wir* das *Du und Ich* treten zu lassen, sind unsere Erfolgschancen größer, eine befriedigende Beziehung zu erleben. Je stärker wir uns als Individuen fühlen und erleben dürfen, umso stärker können wir unsere Partnerschaft genießen. Ich muss dabei lernen, immer öfter zu mir Ja zu sagen. Das bedeutet, dass ich immer öfter zu dir, und anderen, Nein sagen muss.

Dieses Ja zu mir und Nein zu dir ist schwer zu leben. Voraus geht die häufige Prägung, dass man die Wünsche der anderen nicht abschlagen darf. Zudem wissen wir oft gar nicht mehr genau, was wir wirklich wollen. Dann agieren und reagieren wir wie im Nebel. Die Folge:

Der Partner (und heimlich wir selbst) nimmt unser Nein gar nicht ernst. So besteht die erste Übung darin, mir selbst über meine eigenen Wertvorstellungen klar zu werden. Was will ich? Was will ich auf keinen Fall? Oft spüren wir nicht genau, was wir wollen, aber sehr deutlich, was wir nicht wollen. Dann wissen wir oft auch sehr genau, was wir *sollen*, also was die anderen (unserer Meinung nach) von uns erwarten.

Die Klärung dessen, was ich will, soll, nicht will, ist für unsere Liebesbeziehung von besonderer Bedeutung. Die Anziehungskraft zueinander können wir erhalten, indem wir gut für uns selbst sorgen! Damit meine ich: Gut für das sorgen, was wir brauchen, und ein offenes Ohr behalten für das, was wir uns wünschen. Jeder für sich selbst. Das hat nichts mit Egoismus zu tun. Das kann nur jeder für sich selbst tun. Keiner für den anderen!

Wir dürfen nicht erwarten, dass uns hierbei jemand hilft. Auch die besten Berater und Freunde können erst aktiv werden, wenn wir uns erlauben zu denken: Hier läuft etwas schief, und danach den nächsten Schritt tun – um Hilfe fragen und sie annehmen (wenn es uns passend erscheint). Aber Vorsicht, das ist auch der Moment, wo wir Gefahr laufen, die Autorität über das eigene Handeln abzugeben. Für eine kurze, bestimmte Zeit (die Zeit der Beratung) öffne ich mich und lasse den Ratgebenden mit seinem Wissen ein. Danach nehme ich die Autorität über mein Leben wieder an mich und setze Teile der Tipps um (oder auch nicht). Ich weise deshalb so deutlich auf diesen Umstand hin, weil Menschen so häufig in eine Art Abhängigkeit von Ratgebern, Beratern, Therapeuten, Wissenden, Weisen, Predigern und anderen geraten. Diese Abhängigkeit nützt der Situation nicht und schadet immer dem Ratsuchenden, weil diese Abhängigkeit auf der Basis von erlerntem Gehorsam entsteht. Dazu später mehr.

Der Familientherapeut Jesper Juul spricht von gleichwürdigen Beziehungen. Er meint damit: Wir sind nicht gleich, aber beide haben wir die gleiche Würde und wir entwickeln ein Gefühl für Gegenseitigkeit. Das Gegenteil ist der Wunsch nach Besitz des Partners und dessen Unterordnung. Zieht Gleichwürdigkeit in eine Beziehung ein, verringern sich fast immer die Anzahl der Konflikte und es entsteht ein Zusammengehörigkeitsgefühl (im Gegensatz zum Abhängigkeitsgefühl).

Unsere Liebe gelingt, wenn jeder von uns beiden sich selbst treu bleibt!

WAS ICH TUN KANN

Ich sage, was ich will, indem ich mich persönlich äußere. »Ich will nicht jeden Abend fernsehen«, ist nicht dasselbe wie »Du schaust jeden Abend fern, hör endlich damit auf!«. Der Unterschied erscheint klein und hat doch beträchtliche Wirkung. Beim »Ich will ...« beschreibe ich meine persönliche Grenze. Beim »Du ...« läuft es fast auf ein Verbot hinaus. Die Ich-Botschaft stellt Kontakt zwischen uns her, der Partner kann auf meinen Wunsch eingehen oder nicht. Die Du-Botschaft schafft Distanz und verhindert Kontakt. Der »Befehlsempfänger« fühlt sich nicht gut, egal ob er meiner Order nachkommt oder nicht.

Für unsere Beziehung ist es lebenswichtig, auf diesen Unterschied zu achten. Der Wunsch nach Respektierung unserer persönlichen Grenzen ist ein fundamentales Bedürfnis und die Voraussetzung dafür, dass wir uns mit unserem Partner wohl fühlen. Wenn nicht in der engsten Beziehung unseres Lebens, wann dann?

Sie sind für die Stimmung, die in Ihrer Beziehung herrscht, verantwortlich. Sie haben die Stimmung allein durch Ihre Anwesenheit miterzeugt. Die gute Nachricht ist, dass Sie sie deshalb auch sofort verändern können. Moderne Paare müssen eine sehr viel persönlichere Autorität entwickeln, wenn Machtmissbrauch vermieden werden und eine gleichwürdige Partnerschaft auf Augenhöhe entstehen soll.

Das Maß der persönlichen Glaubwürdigkeit und Ehrlichkeit entscheidet über Erfolg oder Misserfolg in Beziehung. Vielleicht sprechen Sie einmal darüber, wer in Ihrer Herkunftsfamilie die Macht hatte, wie die Macht benutzt wurde und wie Sie das erlebt haben. Führen Sie einen Dialog, wie das in Ihrer gemeinsamen Beziehung bis jetzt war, wie es sich verändert hat und wie Sie es in Zukunft wollen.

KANN ICH BLEIBEN (HEUTE NACHT)

*ICH WÄR GERN MIT DIR AUFGEWACHT, ICH HAB ABER GAR NICHT
GESCHLAFEN IN DEINEN ARMEN DIE GANZE NACHT, IN MEINEM
NACKEN DEIN ATEM UND MEIN HERZ IST WIE EIN SCHMETTERLING
IM NETZ, NUR DIESMAL BLEIBT ER UNVERLETZT*

*ICH WÄR GERN MIT DIR AUFGEWACHT, ICH HAB ABER
GAR NICHT GESCHLAFEN
DIE SCHIFFE WAR'N ZU SCHLECHT FESTGEMACHT
IN DIESEM STÜRMISCHEN HAFEN
UND MEIN HERZ KLOPFT WIE EIN NACHBAR AN DIE WAND,
NUR DIESMAL NICHT VON WUT ENTBRANNT*

*KANN ICH BLEIBEN HEUTE NACHT, HAST DU VOR
STUNDEN MICH GEFRAGT
SOLANG DU WILLST, HAB ICH GEDACHT,
UND GESAGT HAB ICH NUR JA
UND IMMERHIN, DU BIST NOCH DA*

*ICH WÄR GERN MIT DIR AUFGEWACHT,
ICH HAB ABER GAR NICHT GESCHLAFEN
ICH HAB NUR NOCH AN EINS GEDACHT, LASS MICH MICH NICHT VERRATEN
UND MEIN HERZ POCHT LAUT, ICH GLAUB, DU KANNST DAS HÖR'N
UND ES SOLL DEINEN SCHLAF NICHT STÖR'N*

*ICH WÄR GERN MIT DIR AUFGEWACHT, ICH HAB ABER GAR NICHT GESCHLAFEN
ICH HAB DIE DÄMMERUNG ZUGEBRACHT, MIT DEM ZÄHLEN VON SCHAFEN
UND MEIN HERZ TANZT, AUF DER WIESE DIE GANZE NACHT
ICH SEH IHM ZU UND BLEIBE WACH*

*KANN SEIN, DER TAG TREIBT DICH DAVON,
KANN SEIN, IN EIN PAAR STUNDEN SCHON,
FRAGST DU MICH NOCH MAL, KANN ICH BLEIBEN HEUTE NACHT ...*

© by Regy Clasen aus dem Album *Wie tief ist das Wasser*, www.regyclasen.de
mit freundlicher Genehmigung der Künstlerin und dem Freibank Musikverlag

WIE GEHT ES WEITER NACH DEM VERLIEBTSEIN?

»Ich habe die Wahl, entweder ein Opfer der Welt zu sein oder eine Abenteuerin auf der Suche nach ihrem Schatz. Es ist alles nur eine Frage, wie ich mein Leben angehe. «

Paulo Coelho,
Elf Minuten

Manchmal habe ich den Eindruck, als wäre Beziehung Schwerstarbeit und mit einem enormen Kraftaufwand verbunden. Als müsste man nur genug daran herumziehen, um Ergebnisse zu erzielen. Dabei wird jedoch vergessen, dass jeder Partner von alleine wächst und zwar nach dem Gesetz, das in ihm angelegt ist. Und beide zusammen haben eine Liebe, die sich einfach verabschiedet, wenn die Partner nicht gut mit ihr (sich) umgehen.

Wie alles in der Natur ständig im Wachsen ist, so auch der Mensch in der Partnerschaft. Hildegard von Bingen nannte diese geheimnisvolle Lebenskraft »Grünkraft«. Nach einiger Partnererfahrung wissen wir, dass wir den anderen nicht nach unserem Wunschbild formen können. Paare, die Spaß an ihrer Beziehung haben, haben ein individuelles Gleichgewicht von »nah sein wollen« und »entfernt sein können« entwickelt.

Das Indianersprichwort »Das Gras wächst nicht schneller, wenn man daran zieht« passt ja auch für Partnerschaft. Sie entwickelt sich nicht schneller oder besser, wenn wir daran ziehen. Wie wäre es, sich erst einmal über diese Partnerschaft zu freuen? Dann erleben Sie sich selbst und Ihren Partner (und die Kinder, falls welche da sind) als willkommen. Alle Teilnehmer dieser Familie lernen dann an ihren eigenen Wert zu glauben, an ihren Wert, so wie sie sind. So entsteht eine Atmosphäre, in der wir unsere Liebe füreinander in liebevolles Handeln miteinander überführen.

Partner sind nicht eins, das wird spätestens dann klar, wenn die verliebten Verschmelzungsgefühle nachlassen. Dann ist es Zeit, auf das Eigene und das Gemeinsame zu schauen. Das Eigene ist zugunsten des Gemeinsamen in den ersten Monaten, vielleicht Jahren häufig zu kurz gekommen. Jetzt ist die Frage, wie gut es uns gelingt, unsere eigenen, persönlichen Bedürfnisse zu leben. Das bringt größere Distanz mit sich. Luft, die beide brauchen, um sich dann wieder Nähe zu wünschen.

Jetzt zeigt sich, ob ich überhaupt in der Lage bin, meinen Partner zu lieben. Wenn die wunderschöne Zeit der Verliebtheit vorbeigeht, beginnt die Unterscheidung von »deinen« und »meinen« Wünschen und Bedürfnissen. Passen wir überhaupt zusammen? Bin ich bereit, deine Wünsche, deine Bedürfnisse als gleich wichtig anzusehen wie meine? Habe ich vielleicht die Vorstellung, ich müsse meine Wünsche aufgrund deiner Bedürfnisse zurückzustellen? Oder will ich meine Bedürfnisse auf deine Kosten durchsetzen? Diese Fragen und Haltungen bedürfen einer Klärung in mir. Zuerst muss ich mir jedoch überhaupt darüber klar sein, dass diese Entscheidungen anstehen. Gelingen wird mir diese eigene Entwicklung, wenn ich mich von der Liebe, die ich für dich empfinde, tragen lasse, und es mir gelingt, mich liebevoll in deine Art zu sein einzufühlen.

Als Partner brauchen wir nur aufmerksam wahrzunehmen, was der Partner von uns will und was wir von ihm wollen – und dann entscheiden, ob wir das geben können oder wollen. Gelingt uns das immer ein bisschen besser, nimmt die herzliche Atmosphäre zu. Zu einer lebendigen Atmosphäre gehören auch sinnvolle Konflikte. Dazu im siebten Kapitel mehr.

Mit den Illusionen und inneren Wunschbildern über unseren Traumpartner und die Traumbeziehung ist es nicht weit her. Sie leben nur im Kopf gut. In der rauen Wirklichkeit unseres täglichen Lebens sind sie rasch am Ende. Da wird schnell aus dem Prinz der Frosch, den ich eigentlich gar nicht mehr küssen möchte, um ihn zurückzuverwandeln.

Begraben Sie die Illusion von der großen Liebe, der einzigen glücklichen Beziehung, der harmonischen Familie. Es gibt sie nicht! Das ist hart, aber auch wahr und befreiend! Die Paare, die es miteinander »geschafft« haben, haben die Kraft, die in ihrer Partnerschaft entstand, für ihre eigene Entwicklung genutzt – zum Wohl der Zweierbeziehung.

Wenn aus dem Prinz der Frosch geworden ist und küssen nicht mehr reicht, um ihn zurückzuverwandeln …

Wir holen uns in der Beziehung alles, was wir vom Partner brauchen, um uns weiterzuentwickeln. Wenn wir an einer gelungenen Partnerschaft interessiert sind, dürfen wir den Partner nicht ständig unseren eigenen Bildern, Wünschen, Vorstellungen unterwerfen wollen. Was sind das eigentlich für innere Bilder?

DIE MACHT UNSERER INNEREN BILDER

Erst wenn wir uns der Macht unserer inneren Bilder bewusst werden, kommen wir in die komfortable Situation, mit ihnen umzugehen. Dann beginnt eine neue Zeitrechnung für uns. Dann sind wir nicht mehr Getriebene dieser inneren Vorstellungen und fühlen uns nicht länger gut oder schlecht, wenn wir ihnen entsprechen oder widersprechen. Dann beginnen wir, sie zu gestalten. Dann endet die Zeit, in der diese Vorstellungen uns und unser Leben gestaltet haben. Unsere inneren Bilder sprechen sehr auf Seelenworte an. Als Seelenworte bezeichne ich Worte wie »ewig«, »für immer«, »Vater«, »Gott«, »Mutter«, »Ehe«, »meine Frau«, »mein Mann«, »meine Familie«. Das alles sind Worte, die beim Aussprechenden und beim Zuhörer sofort innere Bilder auslösen – die jedoch beim Empfänger oft anders entstehen, als es vom Sender »gedacht« war. Erst wenn wir uns der Herkunft und der Macht unserer inneren Bilder bewusst werden, gelingt es uns, diesen Maßstab, den manche Gewissen nennen, zu hinterfragen.

Aus unseren inneren Bildern und Vorstellungen davon, »wie Welt ist«, werden Selbstbilder, Menschenbilder, Weltbilder, die wir in unseren Köpfen umhertragen und die unser Denken, Fühlen und Handeln bestimmen. Dabei ist die Art und Weise, wie wir denken, ausschlaggebend dafür, welche Nervenzellenverschaltungen im Gehirn stabilisiert, welche ausgebaut und welche aufgelöst werden.

Der Hirnforscher Gerald Hüther hält es für alles andere als belanglos, wie unsere inneren Bilder, die wir uns selbst machen, beschaffen sind. Für ihn hängt es von der Beschaffenheit dieser inneren Vorstellungen ab, wofür ein Mensch sein Gehirn benutzt und welche Verschaltungen deshalb in seinem Gehirn gebahnt und gefestigt werden. Er schreibt dazu in seinem Buch *Die Macht der inneren Bilder*: »Es gibt innere Bilder, die Menschen dazu bringen, sich immer wieder zu öffnen, Neues zu entdecken und gemeinsam mit anderen nach Lösungen zu suchen. Es gibt aber auch innere Bilder, die Angst machen und einen Menschen zwingen, sich vor der Welt zu verschließen. Es gibt Bilder, aus denen Menschen Mut, Ausdauer und Zuversicht schöpfen, und es gibt solche, die Menschen in Hoffnungslosigkeit, Resignation und Verzweiflung stürzen lassen.«

Je mehr wir unserem Partner das Gefühl geben, dass er genau so richtig ist, wie er ist, desto größer wird sein Selbstwert werden – und unsere Liebe.

Genießen Sie einander, etwas Besseres können Sie für Ihre Beziehung nicht tun!

WAS ICH TUN KANN

Welche Werte sind für mich entscheidend? Welchen Stellenwert gebe ich dem Streben nach Geld, Berühmtheit oder Beliebtheit in meinem Leben? Alles drei kann ich bei meinem Ende nicht mitnehmen. Ich könnte vorgegebene Regeln und Ziele überprüfen, ob sie für mein Leben, heute, noch wahr sind.

Wir alle machen Fehler. Die Schmerzempfindlicheren machen immer wieder neue – andere wiederholen gerne dieselben. Die Antworten auf die wichtigen Fragen liegen in Ihrem Herzen. Sie tragen immer die Verantwortung für Ihr Tun. Meistens gibt es mehrere richtige Lösungen. Unser aller Dasein entspringt Liebe. Ich kann mein Leben nicht versichern. Ich entscheide mich für meine Heilung, dazu brauche ich den Mut zur Wahrheit, wie es um mich, um uns, steht. Ich brauche nicht den idealen Partner – es braucht mich und die Bereitschaft zu wachsen!

Was alle tun, muss deshalb nicht richtiger sein. Den Zweifel am Sinn des Schicksals haben alle. Menschen, die sich damit arrangieren, weil sie das, was war, nicht ändern können, und die das, was kommt, nehmen, wie es ist: diese Menschen sparen Kraft für den Moment, in dem sie handeln können. Denken Sie daran: Niemand sieht in Ihrer Situation besser aus als Sie selbst!

ÜBER SPIELEN UND BEZIEHUNG

Ich jammerte
so lange,
bis ich
jemanden traf,
der wirklich
Grund dazu
hatte …

Jede Beziehungsära endet damit, dass das Beziehungsspiel mit den alten Regeln nicht mehr gewonnen werden kann. Ein neues Spiel beginnt, wenn die Regeln sich merklich ändern. Manche wollen diese Änderung verhindern und so weitermachen wie bisher. Damit stellen sie sich gegen den Fluss des Lebens. Das kostet viel Kraft und ist oft sinnlos.

In der Mediation stellen wir gemeinsame Interessen in das Zentrum der Verhandlungen, nicht einzelne Meinungen oder Interessen. Die Mediation hat sich aus den Erfahrungen der Kubakrise entwickelt und dabei ein neues Denkschema entwickelt: von befehlsgebundenen zu entwicklungsgestützten Entscheidungsprozessen. In der Beziehung entsprechen die »befehlsgebundenen« Entscheidungen denen, die wir

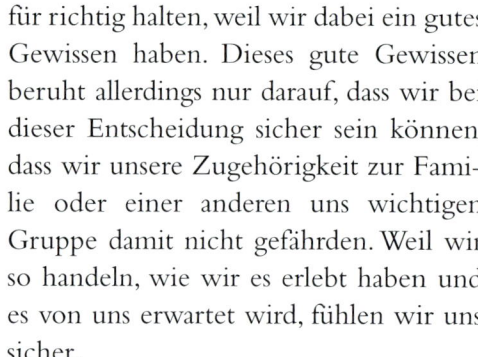

für richtig halten, weil wir dabei ein gutes Gewissen haben. Dieses gute Gewissen beruht allerdings nur darauf, dass wir bei dieser Entscheidung sicher sein können, dass wir unsere Zugehörigkeit zur Familie oder einer anderen uns wichtigen Gruppe damit nicht gefährden. Weil wir so handeln, wie wir es erlebt haben und es von uns erwartet wird, fühlen wir uns sicher.

Die Lösung für Beziehungen liegt nicht im Problem selbst, sondern in den Spielregeln, die wir für richtig halten. Diese Spielregeln neu zu beschreiben ist die Aufgabe, damit Beziehungen halten oder neu zusammenfinden können. Die Frage, was außerhalb der eingefahrenen Spielsysteme möglich ist, die Erkenntnis, dass das Spiel nicht alles ist, eröffnet neue Lösungswege.

In manchen Beziehungsspielen ist es nur erlaubt, sich den existierenden Re-

geln zu beugen. Wenn man sich als ein solcher Mitspieler erlebt, kann man abwarten, bis das Essen auf Rädern kommt oder das Spiel ändern. Die Spielregeln in der Beziehung zu ändern bedeutet harte Arbeit, Mut zur Veränderung und die Kraft zu handeln. Zuerst muss man die Spielregeln kennen, um sie zu ändern. Sich die Spielregeln in den eigenen Beziehungen, zu den Eltern, Geschwistern, Partnern, Kindern etwas genauer anzuschauen, darum geht es hier auch.

So könnte eine neue Regel lauten: »Wir geben uns die Spielregel, dass wir in unserer Familie nur Entscheidungen treffen, die langfristig allen Beteiligten gut tun.«

Die Gegenbewegung hierzu will Sicherheit. Wer Sicherheit will und sucht, will keine Veränderung. Wer Sicherheit will, spielt nicht.

Wer spielt, ist am Leben und freut sich darüber! Er spielt nicht mit seinem Leben oder dem der anderen. Er spielt mit den Regeln. Sie sind nicht gottgegeben. Er stellt infrage. Sich und die Regeln. Er behält die Regeln bei, die ihm und den anderen gut tun. Er erkennt, dass etwas über das Vorhandene hinaus möglich ist. Er unternimmt sein Leben. Er eröffnet sich Freiräume. Er schafft sich Werte zum Wohl aller.

Sehen Sie sich Beziehungen an, die gelingen. Was sind überhaupt gelungene Beziehungen? Für mich sind diese Menschen frei voneinander und deshalb frei füreinander. Dass es von diesen Beziehungen wenige gibt, sollte uns nicht entmutigen, sondern ermutigen! Denn schon mit kleinen Änderungen können wir einen großen Erfolg erkennen – im Vergleich zu dem, wie es bisher war.

Wenn es eng wird, werden in der Regel Freiräume zurückgefahren und Kontrolle – eine untaugliche Beziehungsmedizin – eingesetzt: das endgültige Aus für den Wunsch nach Nähe zum Partner. So graben wir unser eigenes Beziehungswasser ab. Wer keine Zeit findet, sich über die Regeln und Werte, die er in seiner Beziehung leben möchte, Gedanken zu machen und diese zu verändern oder zu belassen, dessen Beziehung hat auch keine vitale Zukunft.

Wer morgen noch eine lebendige Beziehung haben will, muss heute nachsehen, ob seine Spielregeln noch dazu taugen, das Beziehungsspiel für sich und seinen Partner interessant zu halten. Zu oft ändern wir nur den Namen des Spiels, aber nicht die Regeln oder Inhalte selbst. Spiele sind ergebnisoffen. Unsere Beziehungen auch. Fortge-

*Erwachsen-
werden dauert
ein Leben
lang.*

schrittene spielen, um Spaß am Spiel zu haben, nicht mehr nur um zu gewinnen. Wir haben gewisse Konstellationen, Grundvoraussetzungen, die eine mögliche Entwicklung als wahrscheinlich erscheinen lassen. Und wir haben eine Kraft zur Veränderung in uns, die es uns ermöglicht, in jedem Moment neu zu entscheiden. Zum gemeinsamen Vorteil hin. Vielleicht ist das ein Teil unseres Ursprungs.

Die unbefriedigende Beziehung ist kein Zufall, sondern das Produkt von Unachtsamkeit sich selbst und dem Partner gegenüber. Die befriedigende Beziehung ist auch kein Zufall, sondern das Ergebnis von Mut und Kraft, Eigenes anzuschauen und sich auf den Weg zu machen.

Das Alte ist trügerisch verlässlich und das Neue ist unberechenbar. Manche sind sich schon klar darüber, dass das alte Beziehungsspiel nicht mehr funktioniert. Die wissen dann auch, dass sie noch keine Patentlösung für ihr neues Beziehungsspiel haben. Aber sie wollen es versuchen! Konnten wir je mehr, als es zu versuchen? Beziehungsspieler suchen das Glück, also das Beste, was ihnen und ihren Angehörigen passieren kann. Perikles sagte vor 2500 Jahren dazu: »Zum Glück brauchst du Freiheit, zur Freiheit brauchst du Mut.«

Klar, dass diese Vision vom gemeinsamen Aushandeln der Spielregeln (statt blind das nachzuahmen, was bei unseren Eltern schon nicht geklappt hat) für uns ungewohnt ist.

Liebe ist das, was sie immer war: eine freiwillige Verbindung!

WAS IST RICHTIG FÜR MICH? WO LIEGEN MEINE PERSÖNLICHEN GRENZEN?

»Der Wille ist gestorben« habe ich als junger Mann gehört. Zuerst hielt ich ihn für »Willi« aus der Nachbarschaft (was mit dem schwäbischen Dialekt zu tun hatte). Da der aber lebte, musste es sich um jemand anderen handeln. Ich bemerkte bald, dass der »freie Wille« gemeint war. Die Frau, die vom gestorbenen freien Willen sprach, war tief gläubig und verband mit der Vorstellung vom Ende des freien Willens den Anfang von absolutem Gehorsam, als Zeichen von Gottgefälligkeit. »Ich will« war in dieser Familie ein Unwort. Man hatte nichts zu wollen. Schon gar nicht die Kinder. Natürlich hat diese Haltung die Kinder dieser Familie geprägt.

Als Paare kommen wir zusammen in einer Zeit, in der wir uns selbst oft noch nicht gründlich kennen. Wir müssen erst unsere Wünsche, Bedürfnisse, unsere Grenzen gegenüber anderen Menschen kennenlernen. In unserer Familie, in der wir Kind waren, haben wir einiges darüber erfahren. Wir haben meist gelernt, dass wir uns den Grenzen unserer Eltern fügen mussten, auch haben wir

Wer Vorwürfe an den anderen richtet, tut dies oft, um den Druck unbewusster Selbstvorwürfe loszuwerden.

gemerkt, dass wir ihre Grenzen oft nicht verstanden haben und ein Nachfragen mit »das macht man so« abgetan wurde. So wurden unsere Grenzen übertreten und manches Mal wurden wir einfach nicht als Mensch ernst genommen. Natürlich haben wir so auch gelernt, dass wir selbst die Grenzen anderer Menschen missachten können. Scheinbar frei von Folgen. Die langfristigen Konsequenzen waren ein geringes Selbstwertgefühl. Wir waren auf das Lob der anderen angewiesen. Tadel hat unseren Selbstwert ruiniert. Mit all diesen Erfahrungen starten wir in eine Partnerschaft.

WAS ICH TUN KANN

Ich entscheide mich, ob ich meine ganze Kraft in die Beziehung einbringen will und mich ganz für diesen Partner entscheiden will. Wenn ich das will, setze ich uns beide an die erste Stelle. Danach folgen unsere Eltern und Geschwister.
Wir beide halten zusammen! Wir stärken durch diesen Zusammenhalt unsere Vertrautheit und bewahren uns, oder schaffen uns, Unabhängigkeit.

Auch wenn wir Kinder haben, bleiben wir beide an erster Stelle. Denn wenn es uns beiden gut geht, geht es unseren Kindern auch gut. Und wenn wir beide Probleme haben und bei der Lösung dieser Probleme zusammenhalten, entlastet das unsere Kinder. Sie sehen: Mama und Papa haben Schwierigkeiten und sie lösen sie, so gut sie können. Wir Kinder brauchen uns nicht einzumischen.

Wir bewahren uns ein bisschen von dem Idealisierenden, das zu Anfang da war, und nehmen ein bisschen vom Realistischen dazu, das jeden Tag sichtbar wird. Das ist eine gute Mischung!

WAS BRINGEN

AN WELCHE ROLLEN
GLAUBEN WIR?

WIR MIT ?

WELCHE ERFAHRUNGEN BRINGEN WIR AUS UNSERER KINDHEIT MIT IN DIE PARTNERSCHAFT?

In diesem Kapitel geht es darum, die vorliegenden Erkenntnisse davon, was zu guten, befriedigenden Beziehungen führen kann, zu beleuchten. Es ist das gesamte Wissen darüber vorhanden, warum es uns in Beziehungen so geht, wie es uns geht. Es sind alle Lösungen vorrätig, um bestehende Verstrickungen zu lösen und Beziehung und Familie glücklich leben zu können. Es braucht nur noch Ihre Bereitschaft, sich selbst einzubringen und die Dinge anzuschauen, mit denen es nicht so gut geht. Die Umstände und Ursachen sind bekannt, aber unser Verständnis von Tradition, unser Aberglaube an Ideale, Ideologien, Mythen, unser Nicht-wahr-haben-Wollen, hindern uns an Heilung und lassen den Blick auf unsere einfachsten menschlichen Bedürfnisse nicht mehr zu.

Deshalb beginne ich, auch in diesem Abschnitt, bei »Adam und Eva«: unserer Empfängnis, unserer Geburt, unserem Kleinkindalter. Der Grund ist, dass in dieser frühen Phase unserer Entwicklung, am Beginn

Welche furchtbaren ›Ratschläge‹ bekommen wir als Eltern: ›Lass ihn ruhig schreien, du darfst ihn nicht verziehen, das hat noch keinem geschadet, willst du, dass er euch später auf der Nase herumtanzt? Du darfst dich nicht von diesem Bengel herumkommandieren lassen! Ein Klapps hat noch niemandem geschadet‹ (und oft ist das die Öffnung eines Schleusentores der Gewalt von selbst geschlagenen Eltern gegenüber Kindern). ›Wie lange soll sie noch einen Schnuller haben? Sie muss doch endlich durchschlafen, lass sie halt schreien. Was, sie hat immer noch Windeln? Wie du deine Kinder erziehst ... das wird noch böse enden, du wirst schon sehen.‹ Noch grausamer ist, dass ich diese Erziehung für die einzig mögliche hielt, weil ich sie selbst erlebt hatte. Erst in einer fortwährenden Auseinandersetzung mit diesen verrückten ›inneren Stimmen‹ und meinem schlechten Gewissen (das sich immer dann einstellte, wenn ich dem Erziehungsschema meiner eigenen Kindheit zuwiderlief) fand ich einen Weg, den ich zusammen mit meiner Frau und unseren Kindern gehen konnte. Das Mitgefühl mit unseren Kindern – und letztlich mit meinem inneren Kind – war mir eine Richtschnur, an der ich mich orientieren konnte, um ein Gefühl dafür zu entwickeln, was ein nötiges Nein und was ein nötiges Ja zu mir, den Kindern und meiner Frau war.

unseres persönlichen Lebens, unser heutiges Verhalten und unsere Möglichkeiten angelegt wurden.

»Wir machen doch auch nicht erst den Führerschein, wenn wir einen Autounfall hatten«, sagte neulich eine Frau in einer Beratung. Doch in Bezug auf Kinder, Familie, Beziehungen, Ehe verhalten wir uns so. Erst wenn der Unfall schon passiert ist, kommen Therapeuten, Mediatoren, Anwälte, Fachleute ins Spiel.

Vieles der vermaledeiten Gehorsamkeitserziehung unserer Eltern wildert noch in unseren Köpfen in Erinnerungen und Bildern und verunsichert uns. Unsere Eltern sind schlecht behandelt worden, haben uns oft schlecht behandelt und wir haben alle Hände voll zu tun, um

zu verhindern, dass wir dasselbe nicht mit unseren Partnern und Kindern wiederholen. Partner, Mütter, Väter spüren ganz genau, dass sie oft nicht die passende Antwort auf die Reaktionen ihrer Babys und Kinder haben: mit verheerenden Folgen für ihr eigenes Leben und das ihrer Kinder, wie Alice Miller, Arno Gruen, Emmy E. Werner und viele weitere seit Jahrzehnten und an viel zu vielen Beispielen beschreiben. Doch endlich befinden wir uns mit vielen Gleichgesinnten in einer Zeit der Veränderung. Gleichwürdigkeit von klein und groß, Mann und Frau, Eltern und Kindern, Lehrern und Schülern, Chef und Angestellten ist noch kein Standard. Traditionalisten versuchen, die Zeit zurückzudrehen. Interessierte an einer gleichwürdigen Art von Beziehung und Familie sind verunsichert, weil das, was sie zu leben versuchen, noch keine Vorbilder hat. Das war immer so, wenn sich ein neuer Lebensstil entwickelt – siehe die Demokratien.

FAKTEN ZUR GEWALT

Unter den 192 Mitgliedern der UNO haben bislang lediglich 19 Staaten das Schlagen von Kindern verboten. In den USA gibt es noch 20 Staaten, die die Züchtigung der Kinder sogar in den Schulen erlauben, sogar während der Adoleszenz. Als das Gesetz über das Verbot körperlicher Strafen 1977 in Schweden eingeführt werden sollte, waren noch 70% der befragten Bürger dagegen. 1997 waren es nur noch 10%. Heute ist es u.a. auch in Deutschland, Irland, Norwegen, Dänemark, Litauen, Israel und auf Zypern verboten, Kinder zu schlagen. Quelle: www.alice-miller.com

Viele Partner und Eltern fühlen sich hilflos und meinen zu versagen, zuerst als Partner, dann als Vater oder Mutter – ständig im unsäglichen Vergleich mit ihrer eigenen Erziehung vor Jahrzehnten und dem Experiment ihrer eigenen Partner- und Elternschaft heute. Dieses Sich-hilflos-Fühlen, Verwundbarsein ist eine gute Ausgangslage für Veränderung! Besser als jede Scheingewissheit, die nur darauf beruht, ja keine Unsicherheit zu zeigen. Die meisten Partner und Eltern sind betroffen darüber, was passiert ist, denn sie hatten sich vorgenommen, es besser zu machen, als sie es bei ihren Eltern erlebt haben. Sie wollten nur gute Partner und Eltern sein. Sie wollten nicht ständig schimpfen oder schlagen, sie wollten sich wirklich lieben und nicht dauernd streiten. Es gibt nur einen Feind für die Verbesserung der Situation: leugnen – so zu tun, als gäbe es keine Probleme, alles im Griff.

Erst wenn wir selbst in Kontakt mit unseren Verletzungen kommen, sind wir in der Lage, unser Verhalten zu verändern. Das gilt für unsere Partnerschaft und für unser eigenes Elternsein. Es lohnt sich, auf das zurückzublicken, was wir aus unserer Kindheit mitbringen. Wir können unsere eigenen Ängste überwinden, unsere Verleugnung aufgeben, unsere Schuldgefühle anschauen und erkennen, nach welchen Spielregeln unser Gewissen funktioniert. Wir können Heilung finden, zuerst für uns und dann gemeinsam in unserer Partnerschaft, indem wir uns gegenseitig unterstützen und uns um die Wunden kümmern, die bis heute geblieben und nur oberflächlich bedeckt sind.

WAS ICH TUN KANN

Wenn Sie glauben, nicht mehr ertragen zu können, was die Auseinandersetzungen mit Ihrem Partner in Ihnen auslösen …

Wenn Sie glauben, nicht mehr aushalten zu können, was das Schreien eines Babys in Ihnen auslöst …

Dann ist das ein guter Hinweis dafür, dass Sie sich Unterstützung holen dürfen, um mit diesen Gefühlen umgehen zu lernen. Dann ist Hilfe im Innen nötig, weil es unmöglich ist, die Symptome im Außen zum Schweigen zu bringen! Holen Sie

sich professionelle Hilfe: Eine passende Therapeutin oder ein passender Berater ist jemand, der seine eigene Notlage für sich selbst bereits erfolgreich überwunden hat. Sie finden dies durch Fragen heraus: Fragen Sie Ihre Therapeutin, welche Erfahrungen sie selbst in ihrer Kindheit gemacht hat und wie sie damit in ihrer Ausbildung und ihrer Selbsttherapie umgegangen ist. Sehr schnell merken Sie, ob die Antworten für Sie hilfreich sind und eine ausreichende Basis für eine Zusammenarbeit darstellen.

WELCHE ERFAHRUNGEN BRINGEN WIR AUS UNSERER KULTUR MIT IN DIE PARTNERSCHAFT?

Es gibt immer mehr Ehen aus unterschiedlichen Kulturkreisen. Andere Lebenskonzepte zwingen uns zur Öffnung. Mit der wachsenden Heterogenität der Gesellschaft umgehen zu lernen ist ein wichtiger Entwicklungsschritt unserer Zeit. Wir erkennen schnell, dass auch unser Partner in vielem anders denkt und handelt, als wir es gewöhnt sind.

Die Sitten, Traditionen und Gebräuche, die wir aus unseren Herkunftsfamilien mitbringen, beeinflussen signifikant den Umgang miteinander. Der Austausch mit dem Partner darüber, was uns wichtig ist, ist für mich die wertvollste Beziehungsmedizin. Dabei gilt: Was in Beziehungen Gültigkeit hat, müssen die Beteiligten miteinander aushandeln. Für mich sind das die Grundwerte, wie sie auch der dänische Familientherapeut Jesper Juul in seiner Arbeit nennt:

Mein Umgang mit Würde in meiner Beziehung = gleichwürdiges Verhalten. Ich möchte gesehen, gehört und als Individuum ernst genommen werden. Es ist der längst überfällige Schritt von der Misstrauenskultur zur Vertrauenskultur auf allen Ebenen: im Beruf, in der Erziehung, in der Partnerschaft!

WELCHE ROLLE SPIELE ICH? AN WAS GLAUBE ICH?

Was bringen wir mit aus vorherigen Beziehungen, aus unserer Herkunftsfamilie? Welche Bilder tragen wir in uns? Hier genau hinzuschauen braucht einen Ausflug in Bereiche, die vordergründig nichts mit der Paarbeziehung zu tun haben. Erst auf den zweiten Blick erkennen wir ihren gravierenden Einfluss.

Unsere kulturelle und familiäre Herkunft prägt unsere Haltung, un-

Mein Umgang mit Integrität in meiner Beziehung = ich selbst sein. Wie kann ich meine liebevollen Gefühle so in Handlungen umsetzen, dass sie mein Partner und die Kinder auch als liebevoll erleben, ohne meine Integrität zu verlieren? Dabei geht es um meine Grenzen. Was lasse ich zu, was nicht mehr? Dazu gehört manchmal, zu mir Ja zu sagen und zu dir Nein.

Mein Umgang mit Authentizität in meiner Beziehung = echt sein und keine Rolle spielen. Ich mach nicht alles, was du von mir willst, und nehme in Kauf, dass du enttäuscht bist, aber dadurch verletze ich dich nicht!

Mein Umgang mit Verantwortung in meiner Beziehung = wir beide haben die Verantwortung für das, was in unserer Beziehung geschieht. Was möglich ist und was unmöglich ist. Niemand sonst. Das bedeutet nicht, dass es keine gravierenden äußeren Einflüsse gibt, wie z.B. Erlerntes aus der Herkunftsfamilie (etwa Angst vor Strafe bei Ungehorsam usw.). Trotzdem hat jeder die Möglichkeit, seine Situation zu verändern; wenn möglich mit Hilfe des Partners.

sere Erwartungen und unser Rollenverständnis in Beziehung, Ehe, Partnerschaft. Es lohnt sich deshalb, unsere erlernten Umgangsweisen, die uns durch Erziehung vermittelt und aufgezwungen wurden und die wir uns durch Abschauen angeeignet haben, in einen Zusammenhang zu stellen. Religion und Ethik beantworten die Frage, wie die Menschen leben sollen, welche Werte gelten, worauf man sich verlassen kann. Werte sind das, woran wir glauben. Religion verbindet die Lebenden mit den Verstorbenen und die Erde mit dem Universum. Religion sagt: Diese Welt ist nicht alles. Sie sollte auch sagen: Es kann

Werte sind das,
woran wir glauben.

Was wäre
Gott ohne die
Angst?

keine perfekte Religion geben. Es kann keine perfekte Gesellschaft geben, es kann keinen perfekten Vater, Mutter, Kinder geben. Es kann keine perfekten Ehen geben. Religion sollte auch sagen: Es gibt auf Erden keine allmächtige Macht.

Religion bedient sehr unterschiedliche Bedürfnisse. Religion kann Angst verbreiten durch Drohungen und das Angebot der Erlösung (bei Wohlverhalten). Religion kann ein entmündigendes Herrschaftsinstrument sein oder ein befreiendes Korrektiv gegen alle irdischen Machtansprüche und totalitären Alpträume.

In den einzelnen Kulturräumen und Religionen wechseln die Gottesvorstellungen ab, überlagern einander, ja konkurrieren miteinander. Manche Urvölker, wie die Aborigines, kamen ganz ohne Götter aus. In Afrika kennt man lokale Gottheiten und einen Schöpfergott, ähnlich wie bei vielen Stämmen der Indianer. Im Buddhismus erscheint das

Göttliche in vielen Gestalten. Katholiken kennen neben ihrem einzigen Gott die Marienverehrung und eine Vielzahl von Heiligen. So liegt der Schluss nahe, dass die Vorstellung von der ausschließlichen Richtigkeit des eigenen Glaubensgebäudes ebenso arrogant wie falsch ist. Damit ist keine Kritik an einzelnen Religionen gemeint, sondern an ihrem Alleinvertretungsanspruch. Eben dieser absolutistische Ansatz steht in unserer Zeit zur Disposition, nicht Religion oder Spiritualität: in einer Zeit, in der uns klar wird, dass das »Zurück zu alten Werten« keine praktikable Lösung mehr ist.

Durch gewaltvolle Erziehung, Unterjochung, Disziplinierung entstehen gebrochene Kinder und lammfromme Erwachsene. Wenn man Abhängige will, denen Eigeninitiative abgewöhnt wurde, kann man diese Disziplin loben. Doch sind das nicht mehr die Menschen, die sich in einem globalisierten Wettbewerb der besseren Ideen präsentieren können und die großteils selbstständig ihr Geld verdienen werden. Dazu brauchen wir freiere Geister, die ermutigt werden, Neues zu denken und würdevoll miteinander umzugehen, und die gern ihr Potential zur Verfügung stellen: zum eigenen Gewinn und zum Wohl aller.

Seit wir den Schleier zum Bewusstsein aufzuziehen begannen, seitdem zweifeln wir auch. So gerne möchten wir endgültige Antworten finden auf unsere Fragen vom Woher und Wohin. Gottesvorstellungen, Erklärungsmodelle und Schöpfungsgeschichten machen das Leben in seiner gefühlten Unbestimmtheit erträglicher. Religion ist nicht von sich aus gut. Sie kann in den »Himmel« führen oder in die »Hölle«. Sie kann Menschen zu höchster Liebe oder tiefstem Hass bringen.

Menschen stärken sich durch den Glauben an Gott gegen ihre Ängste: Ängste des Untergangs, Todesängste, die Angst, allein gelassen zu werden. So wollen viele Menschen in erster Linie eines von Gott: Sicherheit. Durch die »Impfung« mit Glauben versprechen sich Menschen vor allem eine Reduzierung ihrer Verwundbarkeit durch das Schicksal. Das ist die Instrumentalisierung Gottes. Wir bestimmen dann, was Gott tun müsste, was er richtig und falsch macht und klagen ihn an: »Wo war Gott, als das geschah?«

»Menschen wollen vor allem eins von Gott: Sie wollen sich auf der sicheren Seite des Seins befinden. Sie wollen mit anderen Worten ihre Immunsituation so verbessern, dass sie nicht in dieser elenden Verwundbarkeit und Vergewaltigbarkeit durch die erstbesten Zwischenfälle existieren müssen.«

Peter Sloterdijk
in einer Rundfunk-
sendung

EINE SUCHT NACH ERLÖSUNG UND MACHBARKEITSFANTASIEN

Wirkungen ergeben sich nicht von selbst.

Neben der Suche nach der absoluten Sicherheit treibt uns die Sucht nach Erlösung an. Wir wollen erlöst werden davon, einen Willen haben zu müssen, Zweifel haben zu müssen, reflektieren zu müssen. Wie süß schmecken dagegen die vermeintlichen Gewissheiten unserer Religionen.

Dabei kann der Wunsch nach Erlösung einerseits bedeuten: Wir wollen das offene Schicksal nicht akzeptieren und wieder zurück in die Überschaubarkeit kindlichen Denkens. Dabei vertrauen wir auf vorhersehbare, feststehende Ordnungen – eine Art Ur-Ordnung. Das sind Konzepte vom Heimkommen und von Erlösung.

Eine andere Seite ist der Machbarkeitswahn: die Idee vom Kontrollgewinn über das eigene Leben. Die Idee, dem Menschen über kurz oder lang alle Fähigkeiten zueignen zu können, die er braucht, um alle gewünschten Bedingungen, unter denen er leben will, herzustellen. Alles scheint machbar! Alles ist berechenbar, kalkulierbar, auch hier – alles im Griff!

Oft gehen wir mit diesen Vorstellungen von Machbarkeit und Erlösung in unsere Partnerschaften. Dort sagen wir: »Du machst mich glücklich. Ohne dich kann ich nicht leben.« Oder aber: »Ich will, dass du dich änderst. Dich bekomm ich schon noch hin.«

Dem Glauben liegt auch der Wunsch nach Ergriffensein zugrunde: ergriffen sein von etwas, das stärker ist als wir selbst. Etwas, dem wir uns anvertrauen können. Wir scheinen angewiesen zu sein auf einen Sinn hinter dem Erkennbaren. Wir

»ANGESICHTS DER VIELEN GEFAHREN, DIE DEN MENSCHEN BEDROHEN,
ANGESICHTS DES TODES, DER UNGEWISSHEIT DER ZUKUNFT, DER BEGRENZTHEIT DES
WISSENS, KANN DER MENSCH NICHT ANDERS, ALS SICH OHNMÄCHTIG ZU FÜHLEN. (...)
AUFGRUND DER EXISTENTIELLEN WIE AUCH AUFGRUND SEINER HISTORISCHEN
SITUATION VERSUCHT DER MENSCH SICH AN ›MAGISCHE HELFER‹ ZU BINDEN:
AN SCHAMANEN, PRIESTER, KÖNIGE, POLITISCHE FÜHRER, VÄTER, LEHRER UND AN
DIE PSYCHOLOGIE SOWIE AN INSTITUTIONEN WIE KIRCHE UND STAAT. HÄUFIG BIETEN
SICH JENE, DIE DEN MENSCHEN AUSBEUTEN, ALS SOLCHE ›VATERFIGUREN‹ AN UND
WERDEN AUCH ALS SOLCHE GERNE ANGENOMMEN. MAN ZIEHT ES VOR, MENSCHEN
ZU GEHORCHEN, DIE ES ANGEBLICH GUT MEINEN, ALS SICH SELBST EINZUGESTEHEN,
DASS MAN AUS ANGST UND OHNMACHT GEHORCHT.«

Erich Fromm, *Vom Haben zum Sein*

Gehorsam wird zur Sicherung von Herrschaft benötigt. Erst Angst und Bestrafung erzwingen Gehorsam.

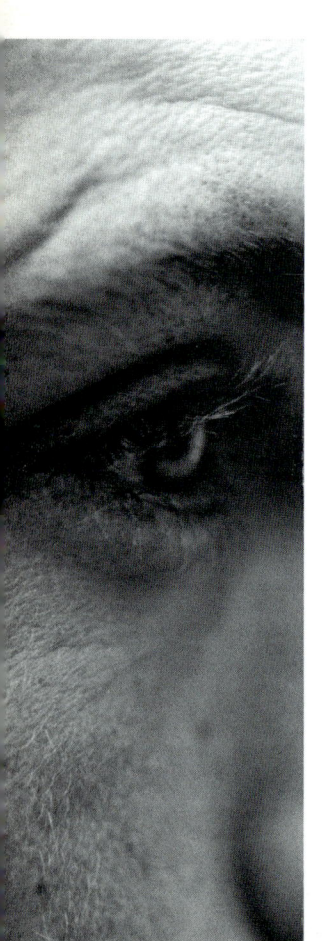

wollen diesen Sinn in der begeisterten Gemeinschaft Gleichgesinnter finden, nicht zuletzt in der idealisierten, romantischen Ehe: *für immer und nur mit dir.* Aufmerksam zu sein, wann wir auch in unseren Beziehungen aus der Sehnsucht nach Erlösung heraus agieren, schützt uns davor, den Heilsverheißungen und Versprechen von Predigern aller Couleur auf den Leim zu gehen. Es ist gut, sich der alten Weisheitstraditionen zu erinnern und sie mit dem klaren Geist der Aufklärung zu prüfen.

VOM BEDINGUNGSLOSEN GEHORSAM ZUR EIGENEN VERANTWORTUNG

Jeder Glaube neigt zum Absoluten, zum alleinigen Vertretungsanspruch. Fundament und Fundamentalismus liegen nahe beieinander. Zu viel Zweifel würde das Fundament schwächen. Bei zu wenig Zweifel würde das Fundament zu hart. Das Hin- und Herschwingen wäre eine fruchtbare Übung, getragen von dem Wunsch nach Balance, zwischen Einfühlung und Kontrolle, Zweifel und Ergriffenheit, Traum- und Wachbewusstsein, Intuition und Verstand.

Ganz früh haben wir gelernt, dass wir gehorchen müssen, um zu überleben. Wir haben auch gelernt, dass wir als »lieb« bezeichnet wurden, wenn wir gehorchten. Heute verwechseln wir deshalb oft Gehorsam mit Liebe. Wir haben uns Glaubenssätze geschaffen, mit denen wir auch in Beziehungen gehen: »Wenn ich tue, was die anderen wollen, bin ich gut« oder »Ich bestimme, was richtig ist, und zwinge die anderen, sich so zu verhalten«. Die Frage ist, ob wir bereit sind, unsere Glaubenssätze zu verändern, oder ob wir meinen, den Partner ändern zu können.

Ich glaube, dass wir uns danach fragen sollten, ob wir zu dem Menschen werden, der in uns steckt, oder ob wir versuchen, unterwürfig und im vorauseilenden Gehorsam so zu werden, wie wir meinen, dass die anderen uns gerne hätten!

Jeder Partner geht in eine Beziehung mit eigenen, speziellen Glaubenssätzen. Wir haben in frühester Kindheit gelernt, den Forderungen

»Warum in
seinem Namen?
Wir heißen
selber auch.
Wann stehen
wir für unsre
Dramen ein?«

Herbert Grönemeyer

der Menschen nachzugeben, von deren »Liebe« wir uns abhängig fühlten. Genau diese frühe Erfahrung behindert unser Wachstum in Beziehungen heute, da Obrigkeitshörigkeit keine erstrebenswerte Fähigkeit mehr ist. Stattdessen erwartet unser Partner Reflexionsfähigkeit und Kenntnis unserer eigenen Bedürfnisse von uns.

Es besteht ein enger Zusammenhang zwischen unserer Liebesfähigkeit und unserer Verletztheit, die aus unserer persönlichen Geschichte resultiert. Es ist schmerzlich, diese Verletzungen durch Anschauen dessen, was war, zu heilen – und damit die Verharmlosung und das Verdecken des eigenen Wehs zu beenden. Stattdessen das eigene Fühlen, die eigene Verletzlichkeit zuzulassen. Denn Gefühllosigkeit bedeutet immer gesteigerte Wut und Aggression.

Wir können uns entscheiden, ob wir den Weg der Liebe oder der Macht in unseren Beziehungen zu Partnern und Kindern gehen wollen. Die Entscheidung für die Macht entsteht aus dem Wunsch, eigene Hilflosigkeit zu vermeiden. Natürlich kann unser Versuch, Unverwundbarkeit durch Herrschaft über andere zu erlangen, nicht gelingen. Gerade in der Paarbeziehung ist das der Anfang vom Ende. Es stellt sich die Frage: Wie kommen wir in möglichst große Übereinstimmung mit unseren Bedürfnissen und unseren Gefühlen?

Wachstum ernährt sich von Unterschei-dungen.

WAS ICH TUN KANN

Nach der Verliebtheit gilt es darüber zu verhandeln, wie wir beide mit unseren Überzeugungen umgehen und wie diese unsere Beziehung beeinflussen: was jeder von uns akzeptieren kann und was nicht, wissend, dass wir den Partner nie ändern können. Wir sind gezwungen, in Familien, als Paar Stellung zu beziehen, welche Werte wir in unserer Partnerschaft etablieren wollen. Achten wir auf unsere eigenen Wahrheiten und Werte (die wir an unsere Kinder, meist stillschweigend, weitergeben).

Autonomie ist die Übernahme der Verantwortung für mich selbst, für mein Handeln, mir selbst und anderen gegenüber. Das Gegenstück wäre Anpassung und Unterordnung. Wir sind nie völlig angepasst und nie völlig autonom. Eine persönliche Balance zwischen diesen Endpunkten zu finden kann ein Leben dauern. In einer Partnerschaft bedarf es Liebe und Mitgefühl zu allererst zu sich selbst und die Bereitschaft, zu wachsen anstatt zu stagnieren.

»Wirkliche Autonomie ist der Zustand, in welchem der Mensch sich in voller Übereinstimmung mit seinen Gefühlen und Bedürfnissen befindet. Die durch den Erziehungsdruck eingeleitete Anpassung lässt Lebendigkeit, Kreativität und Liebesfähigkeit verkümmern. Dieser Verlust erzeugt Abhängigkeit und Unterwerfung. Es ist Mitgefühl und Liebe, die die Wandlung zu einem wahren Selbst möglich machen.«

Arno Gruen

Es geht nicht darum, irgendwie zu werden. Es geht darum, mit dem, was wir sind und was wir nicht sind, zurechtzukommen und sich damit gut zu fühlen. Dabei hilft es, sich zu entscheiden, was will ich, was tue ich und für was bin ich verantwortlich. »Ich lerne, also bin ich«, hat es der Pädagoge Rolf Arnold ausgedrückt.

LÖSEN UND BINDEN

MÜSSEN WIR PERFEKT SEIN?

Lösen und binden meint in diesem Zusammenhang, in einer Partnerschaft den Rhythmus von sich annähern und sich wieder entfernen zu erkennen, ja zu fördern: also mit dieser Bewegung zu gehen und sie nicht um jeden Preis vermeiden zu wollen, da sie nicht zu vermeiden ist. Es geht nicht darum, beliebig Distanz oder Nähe zu erzeugen, sondern durch einen angemessenen Abstand neue Kraft und neues Interesse für die Beziehung und den Partner zu sammeln. Sich für eine Zeit zu lösen und den eigenen Interessen nachzugehen und dabei im Blick zu behalten, was unserer Beziehung gut tut und was ihr schadet.

Manche Paare leisten sich den Luxus von Beratung. Fast immer lautet der »geheime« Auftrag an den Berater, stellvertretend für das Paar Nähe und Distanz zu regulieren. Ich erlebe häufig in Paarberatungen, dass die Partner »zu stark verheiratet« sind, dass keiner mehr Luft bekommt.

»Perfektion bekommt keine Kinder«, schreibt T.S. Eliot. Der Wunsch nach Perfektion nimmt auch im Beziehungsleben zu. Perfektion auf Inhalte zu beziehen, auf Produktionsabläufe, auf Funktionen, ist passend. Schlimm wird es, wenn wir versuchen, unsere Beziehungen zu perfektionieren.

Wir wissen es letztlich alle: Erst unsere Krisen bringen uns die Chance zu wachsen. Und es ist unser gutes Recht, Krisen so lange es geht zu vermeiden. Dass uns das nur sehr ungenügend gelingt, ist eine Tatsache. Irritation hält uns am Leben. Dass unsere Beziehungen problemlos laufen, wie geschmiert, ist ein Wunschtraum. Geschmiert laufen Maschinen, aber keine Beziehung. Trotzdem versuchen wir in Schule, Beruf und natürlich in der Ehe perfekte Zustände herzustellen. Gelungene Voraussetzungen, um zu scheitern. Speziell in Deutschland hat Perfektion Tradition. Dort, wo sie hingehört, in der Maschinenwelt, in der Organisation von Abläufen ist sie sehr willkommen. In Beziehungen tötet der Perfektionsanspruch die Liebe und das Mitgefühl.

Manche Menschen fürchten sich heute davor, sich zu binden oder ein Kind zu bekommen. Sie haben so große Vorstellungen und hohe Ideale davon, wie gut sie als Ehemann, Vater, Mutter oder Partnerin sein müssen, dass sie schlicht Angst haben zu versagen. Dazu kommt, dass

»Wir glauben, wenn wir Erklärungen haben, kennen wir die Abläufe. Die Erklärungen sind in Wirklichkeit Schnuller zur Beruhigung unserer Neugier und Wissenssucht.«

Humberto Maturana

früher das Leben der Menschen viel stärker vorgegeben war als heute. Das erschien einfacher. Es war klar, was erwartet wurde, was man darf und was nicht. Das Paar musste heiraten, der Mann die wirtschaftliche Grundlage schaffen, die Frau die Kinder bekommen. Die Rollenverteilung war klar. Sie kam von außen und war verinnerlicht. Wie eine Schale, die Sicherheit bietet.

Heute hat sich das geändert. Viele Werte, Traditionen stehen zur Disposition, ohne dass neue Regeln schon gefunden wären. Der Hirnforscher Gerald Hüther zieht den treffenden Vergleich des Übergangs von den Insekten zu den Wirbeltieren. Er bezeichnet es als dramatischen Übergang! Von äußeren Strukturen, Kräften wie Not, Hunger, Krieg wurden wir bis vor einer Generation von außen geformt. Heute haben wir diese äußeren Strukturen weitgehend abgeschafft, eine wunderbare Leistung. Aber wir haben noch nicht den inneren Halt gefunden, das eigene Rückgrat, um diese Freiheit genießen zu können. Die Entwicklung dieser inneren Haltung steht uns teils bevor, teils sind wir mittendrin. Es liegen gute Ansätze vor, um diesen inneren Halt zu begründen. Oder wollen wir doch lieber versuchen, das, was sich schon früher nicht bewährt hat, noch einmal zu probieren?

DER WEG ZU NEUEN BEZIEHUNGSFORMEN

Früher haben uns die von außen vermittelten Werte Sicherheit gegeben. Dass wir richtig lagen, erkannten wir daran, dass alle anderen das Gleiche taten und gleich dachten. Heute werden wir von unterschiedlichsten Konzepten überflutet. Gekonntes Aussortieren tut Not. Eigene Werte zu definieren steht uns bevor.

Dafür ist Zusammenhalten über das Eigeninteresse hinaus sinnvoll, besonders in Familien und Partnerschaften. Die Erkenntnis, dass die Familie oder Beziehung mit einer Trennung oder Scheidung nicht beendet ist, hat sich verbreitet. Millionen Menschen fühlen sich nach Scheidungen abgeschnitten – egal ob sie gegangen sind oder verlassen wurden. Wir müssen aus uns heraus einen Weg finden, mit der neuen Freiheit von nicht garantierten Beziehungen umzugehen. Manche Institutionen bieten bisher nur den Weg zurück zu mehr Disziplin. Sie verschärfen ihre Zugehörigkeitskriterien und/oder drohen mit Ausschluss. Damit verstoßen sie gegen elementare eigene Gebote, um des Gehorsams willen.

Die »Vereinzelung« ist auch nicht der Weg. Es ist eine Notlösung, die für einen Zeitabschnitt angemessen sein mag. Letztlich, das ist meine Meinung, wird ein Single-Leben geführt, weil man nicht mehr bereit ist, sich weiter verletzen zu lassen, und noch keine Alternative gefunden hat.

Mir scheint eine von innen heraus sich erneuernde Familie ein gangbarer Weg für eine neue Beziehungswelt zu sein. In der Trennung nicht mehr der größte anzunehmende Unfall ist. Chancen verlieben sich – wir können die Möglichkeiten, die wir mit unserer Beziehung haben, ergreifen. Die eigene Bedeutsamkeit erkennen und einordnen lernen. Persönliche Disziplin zu lernen und anzuwenden ist in unserer überfließenden Gesellschaft wichtig. Die Disziplin, so viel zu essen, wie es mir gut tut. Das zu essen, was mir gut tut. Mit den Angeboten wie Medien, Unterhaltung, Sex, Drogen so umzugehen, dass es mir gut tut. Dazu brauchen wir eine eigene Fehlertoleranz und ein Gefühl dafür, was uns schadet und was nicht. Verbote kamen von außen und waren gestern. Heute sind wir dabei, den Verzicht zu lernen, Eigendisziplin zu üben in unserem Leben. Sonst ertrinken wir im süßen »Honigwein«.

Die Enden unserer Beziehung wieder zusammenführen.

Die Abgabe der Autorität über das eigene Handeln nenne ich den Zustand, wenn Menschen sich am Außen orientieren und dabei ihre eigene Beteiligung oder Verantwortung vergessen. Da war oft kein Vater, der wohlwollend Disziplin vorlebte und forderte. Da ist oft kein Lehrer oder Erzieher mehr, der Richtung gibt, ohne zu disziplinieren, und auf der Seite der Jungen ist. Das fehlt Jugendlichen. Ein Rahmen, gegen den sie sich auch auflehnen können. Eine Grenze, die es zu überschreiten gilt. Aber Vorsicht! Ich meine nicht Disziplinierung und Unterdrückung und Zwang zum Gehorsam. Ich meine Eltern, Lehrer, die selbst diszipliniert, eigenverantwortlich, leben. Wie gewinne ich also die Autorität über das eigene Handeln? Indem ich etwa als Vater nicht dem Sohn meine Grenzen setze, sondern meine Grenzen mitteile und mit ihm seine Grenzen finde. Meine Grenzen anzeige und mir zumute, dabei Fehler zu machen.

Ich habe kein Konzept, wie es gelingt. Ich kenne die Richtung: Das ist die Wahrung der gegenseitigen Würde. Wir handeln das zusammen aus, was wir tun. Und auch: Ich bin bereit, Fehler zuzugeben und Fehler der anderen mitzutragen. Denn was wäre die Alternative? Befehl und Gehorsam? Das hat zu gut funktioniert – mit furchtbaren Nebenwirkungen.

OHNE HALTBARKEITSGARANTIE

Ein Geheimnis zufriedener Paare ist das gegenseitige Interesse und das Gespräch. Wünsche mitteilen, Meinungsverschiedenheiten klären. Wie Paare miteinander sprechen, beeinflusst maßgeblich ihre Beziehung. Gut miteinander umzugehen ist lernbar, das Interesse füreinander zu behalten ist Glück!

Was bedeutet denn eine gelungene Partnerschaft? Für mich ist es das, was beide Partner zusammen hinbekommen haben. Die Möglichkeiten, die sie einzeln und gemeinsam nutzen konnten in ihrer Beziehung.

Chancen verlieben sich bedeutet, da kommen zwei zusammen, die voneinander angezogen sind. Angezogen vom Gleichen und Ähnlichen und angezogen vom Anderssein. Zuerst steht die Verschmelzung im Vordergrund. Danach besteht die Kunst darin, die Unterschiede zu entwickeln und die Beziehung zu behalten.

Viele haben den Wunsch nach Haltbarkeitsgarantien, was ihre Ehe oder Partnerschaft angeht. Doch heute ist eine Paarbeziehung eine Reise mit offenem Ausgang. So groß die Wünsche oder Versprechungen von Dauer auch sind, sie sind Absichtserklärungen ohne Garantiequalität. Wir wünschen uns nichts mehr, als mit dem geliebten Menschen für immer zusammenzubleiben. Und es erscheint zerstörerisch, schon am Anfang einer Beziehung ans Ende zu denken. Hilfreich ist, wenn wir lernen, mit den Widersprüchen, die unser Gefühl und unser Verstand uns anbieten, umzugehen, statt sie auflösen zu wollen.

Sich auf eine Liebe einzulassen, heißt sich zu binden und sich für ein Abenteuer zu öffnen, dessen Verlauf, Dauer und Ende unbekannt sind. Der Wunsch nach Sicherheit ist verständlich. Doch wir bemerken, dass wir die Liebe nicht in den Griff bekommen durch Versprechen, Garantien, Sicherheitsdenken. Wir haben die Liebe nicht, sie hat uns. Ohne ein gewisses Gleichgewicht zwischen Bindung und Freiheit kann keine Paarbeziehung lange existieren.

Wenn sich zwei in Liebe erkennen und verlieben, findet auf verschiedenen Ebenen eine Kommunikation statt, meist unbewusst.

Die meisten Paare, die sich trennen, sind zu stark verheiratet.

»Manchmal ist
es beruhigend,
die Augen zu
schließen und
das Denken
einzustellen.
Es möge sich
dann aber
bitte niemand
beschweren,
man könne in
dieser Welt
sowieso nichts
ausrichten –
man kann!«

Bodo Kirchhoff,
Mein letzter Film

Verlieben bedeutet: »Mit dir kann ich weiterkommen auf meinem Weg. Du bietest mir Möglichkeiten, Bekanntes (aus meiner Familie) zu leben und Neues hinzuzufügen. Auf eine Weise, die es mir ermöglicht zu wachsen.« Wenn das Verliebtsein zu Ende geht, ist es an der Zeit, diese Versprechen und Erwartungen einzulösen. Dies gelingt gut, wenn ich mich an die verliebte Zeit erinnere. Von der Leichtigkeit, mit der ich damals gehandelt habe, kann ich heute noch ein bisschen mitnehmen.

Wenn sich zwei verlieben, geht es darum, was aus dieser Liebe werden kann. Es geht darum, den Traum von einem gelungenen Leben nicht aufzugeben. Auch darum, mein Bestes dazu zu tun, und es dann so zu nehmen, wie es kommt. Und immer gilt: Es gibt keine Patentrezepte für eine Traumbeziehung. Ja, es gibt keine Traumbeziehungen! Wir könnten stattdessen lernen, mit den Widersprüchen und dem, was in dieser Partnerschaft nicht möglich ist, leben zu lernen. Oder uns in Liebe zu trennen.

Ob es einem Menschen gut oder schlecht geht, hängt zu einem guten Teil von Einflüssen ab, die dieser nicht kontrollieren kann. Was jeder Mensch aber beeinflussen kann, ist seine Sichtweise, ist seine innere Haltung und die Art, mit der er an eine neue Herausforderung herangeht und reagiert. Wir haben beispielsweise die Wahl, ob wir uns eher am Problem oder an der Lösung orientieren. Für beides haben wir gute Gründe. Tendenziell erzielen wir bei der Problemorientierung meist ein Fortschreiben der Zustände. Oft ist das auch gewollt. Beim Orientieren an Lösungen ist viel Veränderungswille gefragt und auch die Erkenntnis oder der Druck, nicht mehr so weitermachen zu können wie bisher. Manchen liegt das mehr. Wer etwas anderes will, muss Bestehendes ändern.

WAS ICH TUN KANN

Oft hilft es, sich visuell zu vergegenwärtigen, wie wir unsere Beziehung sehen und wohin wir in Zukunft gehen möchten. Eine Möglichkeit dazu bietet das folgende Diagramm.

tuation gekommen sind, übernehmen wir Verantwortung für unser Handeln. Je höher mein Anteil ist, desto mehr kann ich die Zukunft beeinflussen. Wenn Sie Lust haben, können Sie sich das folgende Schema kopieren und zusammen mit Ihrem Partner Ihre Situation eintragen – und Ihre Sichtweise vergleichen. Hoffentlich bietet Ihnen dieses Buch dann die Anregungen, die Sie brauchen, um Ihr Ziel zu erreichen.

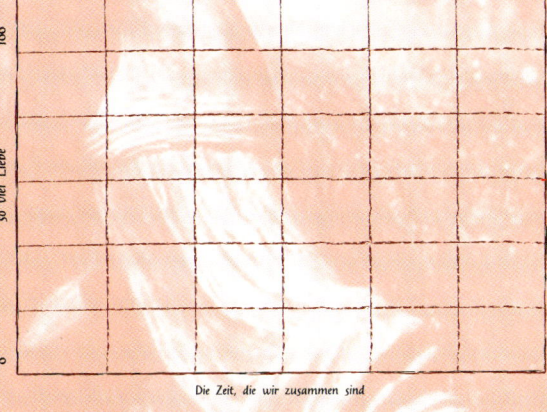

mein Wunsch!

dein Anteil

mein Anteil

In diesem Beispiel hat eine Frau eingetragen, wie sie die Entwicklung ihrer Liebe über die Jahre erlebt und welche Entwicklung sie sich wünscht, wie sie ihre Beziehung verändern möchte. Bei der Einschätzung von »Was war mein Anteil« und »Was war dein Anteil an dieser Entwicklung?« geht es nicht um Schuld. Wenn wir ehrlich und mit klarem Blick darauf schauen, wie wir zu der heutigen Si-

unsere Anteile

SEXUALITÄT

Ein gesunder Impuls jedes Paares ist es, seine Sexualität für sich zu behalten. Wir erleben es als Verrat an unserer Liebesbeziehung, wenn intime Geheimnisse preisgegeben werden und es zu Indiskretionen kommt. Paare, die über ihre Beziehung mit anderen, auch Beratern, sprechen, haben dafür meist ein gutes Gespür. Wenn Paare die »Idee ihrer Liebe« wiedergefunden haben, ist die Beratung beendet, den restlichen Weg gehen die Paare dann zu zweit weiter. Und das ist gut so. Vielleicht hilft die Unterscheidung, dass wir sehr wohl über Persönliches mit anderen reden können, aber uns davor hüten sollten, Privates/Intimes unbedacht kundzutun.

Wenn ich mich nicht für Vergangenes entwerte, ist Selbsterkenntnis möglich.

DIE IDEE UNSERER LIEBE

Deshalb spreche ich vorsichtig über dieses Thema und betone: Es ist die besondere Verantwortung der Partner, hier nicht zu viel, sondern gerade so viel preiszugeben, dass sie sich selbst wieder an die »Idee ihrer Liebe« erinnern. Das kann zum Beispiel so aussehen: Ein fünfzigjähriges Paar kam mit Trennungsgedanken in eine Beratung. Nach kurzem, intensivem Gespräch wurde klar, dass diese beiden nicht weniger miteinander zu tun haben wollten, sondern mehr. Sie hatten allerdings dafür die Sprache verloren. Nachdem die erwachsenen Kinder aus dem Haus waren, ihre berufliche Karriere hervorragend lief – woran sie über zwanzig Jahre intensiv gearbeitet hatten –, hatten sie den Grund, warum sie sich einmal liebten, vergessen. Als der Mann seiner Frau sagte: »Ich will dich ganz, und das sind fast 100 % mehr als bisher!«, konnte sie das kaum fassen. Erst nach Wochen vermochte sie langsam daran zu glauben, dass er sie wirklich meinte. Das Besondere an der Liebe ist ja, dass sie wie eine Mitteilung von Nichtmitteilbarem ist.

Vielleicht wäre es eine gute Idee, dem Partner ganz vorsichtig zu erzählen, was ich mir in der Sexualität wünsche, und offenzulassen, ob es stattfindet. Überhaupt über meine Scham zu sprechen und, zuerst für mich, dann gemeinsam, zu erforschen, wo meine Grenzen liegen. Was ich auf keinen Fall will und worüber ich vielleicht verhandeln könnte.

NICHTS IST LEICHTER, ALS VERHEIRATETE MÄNNER GLAUBEN ZU
LASSEN, BESSER VERSTANDEN ZU WERDEN ALS VON DER EIGENEN
FRAU. EIN SACHTES NICKEN UND SCHON LAUFEN SIE ÜBER WIE
MILCH ... MAN ALTERT BEI LEBENDIGEM LEIB, DA LIEGT DAS PROBLEM.
NUR DIE WÜNSCHE ALTERN NICHT MIT, DIE BLEIBEN UNSERIÖS.
ABER EIN EINZIGER LIEBESFUNKE KANN DICH JÜNGER
MACHEN ALS ALLE GLUT DER JUGEND.

Bodo Kirchhoff, *Mein letzter Film*

*Wenn wir bereit wären,
gleich viel Zeit und Kraft in
unsere Sexualität und
Beziehung zu investieren wie in
unseren Beruf, hätten beide
sicher eine andere Qualität.*

Manchmal schämen wir uns für Eigenheiten spezieller, intimer Körperbereiche, weil wir meinen, einem fantasierten Ideal nicht zu entsprechen. Und wie entspannend ist dann die Erkenntnis, dass unser Partner genau diese Eigenart liebenswert findet!

Christine und Andreas sind schon länger ein Paar und es geht ihnen sehr gut miteinander. Andreas liebt es, seine Partnerin mit Lippen und Zunge zu verwöhnen, für Christine ist das schon fast ein Tabu. Sie weiß, dass sie damit einige Wünsche ihres Partners unerfüllt lässt. Was können beide tun, um diese persönlichen Tabus, die vielleicht einem erfüllteren Sexualleben im Wege stehen, zu verändern? Vielleicht hilft es, sich die Tabus etwas genauer anzuschauen, Gemeinsamkeiten und Gegensätzliches festzustellen? Beispielsweise werden orale und anale Praktiken in einigen Kulturen total abgelehnt, während sie in anderen Gesellschaften üblich sind. In Brasilien ist analer Sex beliebt, auf manchen mittelamerikanischen Inseln wird oraler Sex bevorzugt. Was beide Partner auf keinen Fall tun sollten, ist sich für ihre Gepflogenheiten, Wünsche, Eigenart zu schämen oder zu entschuldigen.

Der Zyklus von Begierde und Verliebtheit ist im menschlichen Leben ziemlich kurz. Die Anthropologin Helen Fisher belegt in ihrer Arbeit, dass die Nervenbotenstoffe, die mit dem Phänomen der Bindung in Zusammenhang stehen, das sexuelle Verlangen mindern. Fisher belegt, dass die Bindung alleine nicht genügt, um Paare zusammenzuhalten. »Die alten Griechen bezeichneten die Liebe als ›Wahnsinn der Götter‹. Warum kann diese Leidenschaft in jedem Alter geweckt werden? Weil der Liebesdrang ein Mechanismus ist, der vielerlei Zwecken dient«, schreibt sie in ihrem Buch *Warum wir lieben*.

Alle Paare, die ich bisher kennengelernt habe, haben dieselbe Erfahrung gemacht: Das sexuelle Begehren ist am Anfang hoch und nimmt dann stetig ab. Wenn wir Sexualität mit Liebe verwechseln, meinen wir, die Liebe würde weniger. Paare, die ihre Beziehung als erfolgreich beschreiben, verändern das sexuelle Begehren in Liebe und Wohlwollen füreinander. Solche Paare lassen sich nicht vorgeben, wie oft sie miteinander schlafen sollten, das handeln sie miteinander aus. Sie entwickeln ihre Bedürfnisse. Sie äußern Wünsche nicht nur, wenn sie sicher sind, dass es keine Überforderung für den Partner bedeutet. Sie trauen sich zu fordern. Dieses Fordern ist aber kein Ultimatum. Wenn ich ein Ul-

Immer geht es um Liebe und ihre Wandlung.

timatum setzen muss, »wenn nicht ... dann ...«, drücke ich auch aus, dass ich schon sehr lange, möglicherweise zu lange, gewartet habe, dies zu sagen. Sexuelle Langeweile entsteht, wenn wir die eigenen Grenzen für unüberwindbar halten und auf den anderen schauen, dass er/sie sich doch endlich ändern soll. Beide Partner sind in ihrem sexuellen Verlangen unterschiedlich. Gerade diese Unterschiedlichkeit und ihre Entdeckung belebt unsere körperliche Liebe.

Paartherapeut und Sexualforscher Ulrich Clement räumt in *Guter Sex trotz Liebe* endlich mit der Vorstellung auf, wie »gute« oder »richtige« Lust zu sein hat. Wenn jemand nur einmal im Jahr Lust hat, ist daran nichts Krankhaftes. »Der Partner, der sich sexuell desinteressiert und lustlos zeigt, hat genauso recht wie der Partner, der auf sexuelle Aktivität drängt und sich subjektiv als ›normal‹ oder gesund sieht.«

Auch Ulrich Clement weist auf die individuelle Unterschiedlichkeit der Partner hin. Gerade diese Unterschiede können erotische Spannung erzeugen. Doch viele Paare bleiben lieber im vertrauten Unglück, als das Risiko einer Entwicklung auf sich zu nehmen, an dessen Ende ja auch eine Trennung stehen kann. Es ist schwer für Paare, die sich über sexuelle Lustlosigkeit beklagen, zu verstehen, dass gerade ihr gegenseitiges Rücksichtnehmen zur Stagnation im Bett führt.

»Zu jeder sexuellen Lustlosigkeit gehört ein Partner, der sich daran stört.«
Ulrich Clement

FRIEDEN UNTER DER BETTDECKE

Eine nützliche Lektüre könnte auch das bisher in Englisch erschienene Buch von Marina Robinson sein: *Peace Between the Sheets – Healing with Sexual Relationships* (Frieden unter der Bettdecke). Marina Robinson beschreibt den Einfluss der Hormone auf unsere Sexleben und eigene Erfahrungen mit ihrem Partner, dass Sexualität ohne Orgasmus sich stärkend auf die Beziehung auswirkt. Ja, sie meint sogar belegen zu können, dass der Orgasmus eine trennende Wirkung auf Paare hat.

Das Buch *Die Psychologie sexueller Leidenschaft* des amerikanischen Sexualtherapeuten David Schnarch enthält viele lesenswerte Beispiele, wie Paare durch Beratung einen hilfreichen Zugang zu den Schwierigkeiten finden, von denen die sexuellen nur die Spitze des Eisbergs sind.

Wir sind unterschiedlich und wir versuchen ab jetzt eine Partnerschaft zwischen Ebenbürtigen.

Er hat insofern eine neue Sichtweise in der Sexualtherapie eingeleitet, als er sich mehr auf das sexuelle Begehren und die Beziehung der Partner bezieht als auf das, was *nicht* mehr geht. Erotische Gemeinschaft sieht er als etwas, das immer wiedergefunden werden kann. »Jeder muss über die Fähigkeit verfügen, zu spüren, was er selbst will, und muss es wagen, sich dem anderen in seiner Weise zuzumuten. (...) Intimität und enge Bindung sind nur möglich, wenn die Autonomie der Partner gesichert bleibt. Wenn dies nicht gewährleistet ist, fühlt man sich gedrängt, die Kontrolle über die Beziehung behalten zu wollen, was Intimität unmöglich macht.«

Die Beziehung, die wir beide im Bett entwickeln, ist veränderbar, wie jede Beziehung, und sie ist beeinflusst von dem, was wir für wahr halten, erlebt haben, befürchten, hoffen und erträumen. Beispielsweise kann die Befürchtung, dass ich nicht mehr »Halt« sagen kann, wenn wir kuscheln, weil ich heute keine weitere Sexualität mehr will, so groß sein, dass ich mich schon dem Kuscheln verschließe. Dann ist es meine Strategie, gar nicht so viel Nähe entstehen zu lassen, als dass der »point of no return« erst in Sichtweite käme. Und was ist dieser Punkt, an dem es kein Zurück mehr gibt? Meine Vorstellung, es gäbe einen Punkt, ab dem ich etwas geschehen lassen muss, was ich in diesem Moment nicht will – aber glaube, nicht Nein sagen zu können oder zu dürfen. Weil ich doch mit meinem Partner »schon so weit gegangen bin« und er doch ein »Recht« hat auf seine Befriedigung.

Wenn die Beherrschung der eigenen Gefühle das oberste Ziel in meiner Familie war und ist, dann werde ich diesem Wertesystem folgen, auf Kosten meiner selbst. Dann verrate ich meine Bedürfnisse, meine Verletzlichkeit, zugunsten anderer. Diese Haltung drückt sich dann eben auch in der Sexualität aus und wird hier als besonders demütigend erlebt. Auch hier kann Heilung geschehen, wenn wir die eigenen Bedürfnisse wahrnehmen und ausdrücken. Kurz gesagt: Wir müssen lernen, Nein zum anderen zu sagen, um zu uns selbst Ja sagen zu können. Wir müssen lernen, das Verhalten von der Person zu trennen: »Ich liebe dich als meinen Partner, aber ich mag ... (dieses Verhalten) nicht.« Damit lehnen wir den Menschen nicht insgesamt ab, sondern unterscheiden zwischen dem, was wir mögen, und dem, was wir nicht mögen. Ich mute dir, und mir, meine Gefühle zu!

Jeder ist für seine Sexualität selbst verantwortlich.

»Und wer am meisten liebt, der fühlt sich frei.«
Paulo Coelho

WAS ICH TUN KANN

Wie wollen wir mit unserer Sexualität umgehen? Ist es für uns sinnvoll, über unsere Phantasien, Wünsche, unser Begehren und das, was schon passiert ist, zu reden? Hierzu findet jedes Paar seine Wahrheit, es gibt keine »richtige Antwort«. Richtig ist für das Paar, in Beziehung, Kontakt, Dialog zu kommen über das, was den Einzelnen drückt oder beflügelt: »Weißt du, ich würde mir mal wünschen, dass ich ...« – Öffnung ist ein Risiko. Beharren auch! Die Vorstellung, dass alles so bleibt, wie es ist, wenn wir nichts ändern, trügt. Das Auftauchen und Austauschen von unterschiedlichen erotischen Wünschen kann zu Verunsicherung führen. Vor allem dann, wenn der Partner nicht in diese Wünsche und Vorstellungen miteinbezogen ist. Der Sexualtherapeut Ulrich Clement bietet hierzu eine Fülle von hilfreichen Übungen (siehe Anhang, weiterführende Literatur).

Der Verlust von Kontrolle und das Eingehen von Risiken (wenn wir über heikle erotische Themen reden) werden dann zum Gewinn für beide, wenn das Vertrauen erhalten bleiben, ja sogar wachsen kann. Daran könnten Sie ermessen, wie weit Sie Transparenz in Ihren erotischen Vorstellungen herstellen wollen und ob das Ihre Beziehung eher stärkt oder schwächt.

> *»Es gehört zum Erwachsensein dazu, eine gewisse Spannung aus unerledigten Konflikten zu ertragen.«*
>
> Michael Balint,
> Psychoanalytiker

DIE MOSUO – SIE EMPFINDEN DIE EHE ALS UNNATÜRLICH

Ein Blick über den Tellerrand erschließt uns, wie andere Kulturen mit Sexualität, Ideen von Partnern als Besitz, männlichen Herrschaftsvorstellungen und dergleichen umgehen. Es ist lohnend, auf die Wirkungen zu schauen, die sich daraus ergeben: um zu lernen, wie wir unsere Beziehungen verändern könnten, um andere Ergebnisse zu erzielen als bisher. Die Besuchsehen der Mosuo sind hierfür ein ungewöhnliches Beispiel.

Mosuofrauen leben in beneidenswerter Unabhängigkeit, versorgen das Haus und verwalten den Besitz. In diesem abgelegenen Teil von China, zu Tibet hin gelegen, in dem die Ehe als unnatürlich empfunden wird, bestimmen die Frauen selbst, von welchem Mann sie Kinder haben möchten. Sie leben in Besuchsehen zusammen, sie selbst nennen es freie Liebesbeziehung. Das sind feste Bindungen zwischen Frauen und Männern, die aber nicht zusammenleben. Die Männer kommen lediglich nachts zu Besuch zu ihren Gattinnen. Die Mosuomänner leben häufig in einem anderen Dorf. Mosuofrauen sind stolz, selbstbewusst und sie brauchen nicht viele Worte. Dabei sind die gesellschaftlichen Strukturen der Mosuo nicht auf Macht, Unterdrückung und Gehorsam aufgebaut. Männer sind in dieser Kultur nicht die Unterdrückten, die sich von dieser Unterdrückung befreien wollen, sondern ebenso wichtige Teile der Gesellschaft wie Frauen und Kinder. Faszinierend und beispielgebend ist es, eine funktionierende Kultur zu sehen, die es über Jahrhunderte geschafft hat, ohne Herabsetzung eines Geschlechts oder einer Gruppe auszukommen.

In matriarchalen Kulturen wie denen der Mosuo, der Hopi in Arizona und anderer, in denen Männer gewichtige Positionen wie etwa die Hüter der Tradition, der Schamanen, innehaben, stehen die Frauen nicht über den Männern, die Männer sind gleichwertig und nicht unterdrückt. Matriarchale Gesellschaften sind keine Umkehrung patriarchaler Gesellschaften.

TREUE, BETRUG UND VERGEBUNG

Wem oder was will ich treu sein?

Es ist meist ein emotional tiefer Schock zu erfahren, dass der Lebensgefährte eine Liebesaffäre mit einer dritten Person hatte oder hat. Für den Partner, der die Außenbeziehung eingeht, wirbeln die Gefühle das Leben auf.

Partner treffen die Vereinbarung, füreinander da zu sein und an erster Stelle zu stehen. Das schließt Dritte aus. Lässt sich Treue nur um den Preis der Erstarrung und des Selbstbetrugs verwirklichen? War sexuelle

»Die Frage der ehelichen Untreue ist immer noch eines der kompliziertesten Probleme unserer Gesellschaft. Das Verlangen des Individuums nach wechselnden Sexualpartnern und der Wunsch nach einer funktionierenden Beziehung in der Ehe ist ein Problem, welches bisher in unserer Kultur noch nicht zufriedenstellend gelöst wurde.«

Alfred Kinsey

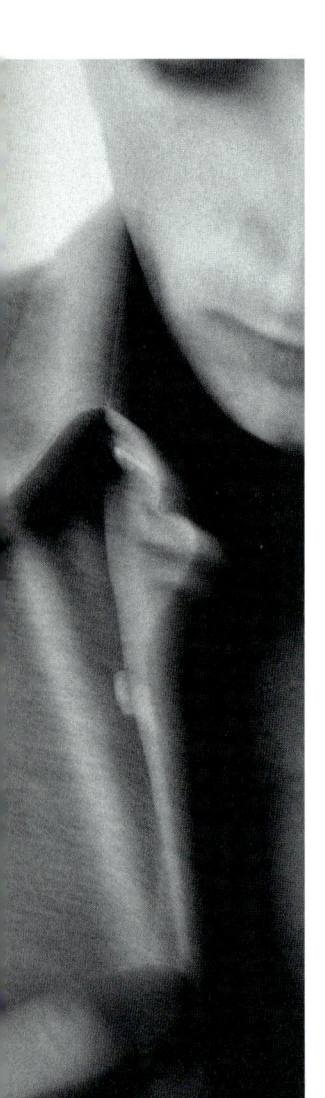

Ich werde mir selbst treu!

Treue nur zur Unterdrückung in der bürgerlichen Gesellschaft da? Waren die Treueschwüre Zügel für Frauen? Werden mit Treueforderungen Kontrollrechte verbunden? Gibt es bedenkenswerte Gesichtspunkte oder soll man diesen Wert, Treue, einfach über Bord werfen? Die Analytikerin Maria Gambaroff beschreibt in ihrem Buch *Utopie der Treue* 1984, dass sie die Beschreibung von Treue als Gratwanderung empfindet – bedroht von Kitsch, Konservatismus, Bekenntnis, Lächerlichkeit und Scham: »Treue (...) wird zum Ausgangspunkt einer Odyssee, deren Ende unbestimmt ist, wenn sie der Selbstfindung und damit der Entstehung des Wir dient. (...) Treue ist kein Zustand, sie ist zu gewinnen.«

In einer Zeit, in der Menschen nach den Grundlagen ihrer Existenz fragen, danach, was sie trägt und wo das Leben hingeht, spielt auch der Umgang mit Treue eine gewichtige Rolle. Wie eine Gesellschaft so braucht jedes Paar Regeln des Zusammenlebens, denen sich beide verpflichtet fühlen. Diese Regeln sollten über Gesetze und Moral hinausgehen.

Treuevereinbarungen zwischen Paaren sind eine schöne Sache – wenn sie so funktionieren, wie sich die Beteiligten das ausgedacht haben: nämlich als Bestandsgarantie für ihre Ehe. Dabei wird schnell ein Versprechen eingefordert, das doch nur eine Absichtserklärung sein konnte. Kommt es zu einem Seitensprung, dann sperrt sich die Falle der Vergebung weit auf. Der Eine bittet: »Vergib mir«, statt sich für sein Verhalten zu entschuldigen und es dem Partner zu überlassen, ob er diese Entschuldigung annimmt.

Die Vergebungsfalle tut so, als ob ich etwas ungeschehen machen könnte, was geschehen ist. Dabei kann mir sehr wohl rechtschaffen leid tun, was ich getan habe. Und das soll ich auch sagen. Aber wozu brauche ich deine Vergebung? Vielleicht fordere ich damit eine heile Welt ein, die nicht mehr heil ist, und vielleicht würde es uns beiden ganz gut tun, das anzuschauen – ohne Schuld und Schuldzuweisung. Aber mit dem Wunsch, auf unsere beiderseitigen Bedürfnisse Rücksicht zu nehmen. Dann wäre es für manche Paare leichter, mit der Lust auf einen »frischen« Partner umzugehen und bei einem Verstoß gegen die Vereinbarung nicht gleich die gesamte gemeinsame Zeit aufzukündigen.

Das Konzept von Vergebung ist vielfach mit Vorstellungen einer

dogmatisch religiösen Idee verbunden. Es soll Schuldgefühle aktivieren. Dann geht es ganz schnell: In Erinnerung an allgegenwärtige kindliche Gefühle von Kontrolle, Gehorsam und Abhängigkeit versuchen wir, den anderen zum Verstehen zu bewegen. Uns zu erklären und um Vergebung zu bitten. Diese Unterwürfigkeit zerreißt das Band der Liebe. Diese Art zu denken wird durch den Glauben aufrechterhalten, dass grenzenlos Mächtige berechtigt sind zu bestrafen, zu erniedrigen, zu demütigen und Gefühle zu ignorieren. Früher waren das unsere Eltern und Lehrer, heute benutzen wir dafür manchmal unsere Partner. Vergebung wird gelobt als Heilmittel bei Ärger und Hass. Dabei erhält es nur die Hierarchie des Sünders und des Vergebenden aufrecht. Keine gute Basis für Beziehung, dafür oft ein schnelles Ende der Chancen für die Liebe.

In *Utopie der Treue* beschreibt Maria Gambaroff die Wichtigkeit des Ergründens und Erforschens unserer Sexualität: »Ich meine, die Idee von der erfüllenden Beziehung zwischen einem Mann und einer Frau

Jedes Paar hat seine eigene Erotik, die die Beziehung des Paares widerspiegelt.

»*Treue ist kein Zustand, sie ist zu gewinnen. Darin liegt ihr Scheitern. Darin besteht ihre Utopie.*«

Maria Gambaroff

sollte nicht als schiere historisch bewiesene Unmöglichkeit abgetan werden und damit verloren gehen. Sicher muss sie mit neuem Inhalt gefüllt werden. Eine der wesentlichen Voraussetzungen scheint mir die Ergründung der Sexualität eines Paares zu sein.«

Sich auf einen anziehenden, unbekannten, erotisierenden Menschen einzulassen, ist oft der Versuch, sich wieder lebendig zu fühlen. Natürlich geht dieser Genuss auf Kosten des Partners, dem man davon nichts erzählen mag. Natürlich kann ein Mensch, den ich seit zehn Jahren kenne, nicht dieselbe Attraktion auf mich ausüben wie eine neue Bekanntschaft, doch da gibt es andere Attraktionen. Und – ich kann entscheiden, was ich will. Beides haben zu wollen gelingt nicht auf Dauer.

GANZ GEWÖHNLICHER EHEBRUCH ODER DIE SEHNSUCHT, EIN PAAR ZU BLEIBEN?

Der erfahrene Therapeut Michael Lukas Moeller zitiert ein französisches Sprichwort in seinem Buchtitel *Die Liebe ist das Kind der Freiheit.* Obwohl zwar fast jeder diesem Sprichwort zustimmt, macht uns aber diese Freiheit auch Angst. »Sich wechselseitig freilassen und doch auf die Bindung vertrauen? Dazu fühlen wir uns zu unsicher. Wir unterstellen lieber, Bindung sei wechselseitiger Besitz«, so beschreibt Moeller unseren Zwiespalt. Dabei meint Freiheit nicht Unverbindlichkeit. Doch unsere Gefühle und unsere Liebe lassen sich nicht zwingen. Versuchen wir es, ersticken wir unsere Liebe.

Manche Paare idealisieren die exklusive Beziehung. Sie stellen die Einhaltung der Treue in der Ehe, die Ausschließlichkeit von Sexualität mit dem Partner über den Fortbestand der Partnerschaft, über ihr eigenes und das gemeinsame Glück. Damit geben sie ihren moralischen Vorstellungen Priorität vor der Beziehung. Diese Paare sagen: »So zu leben, wie es ›richtig‹ ist, ist wichtiger als unsere Partnerschaft und unsere Liebe an sich.«

Mir stellt sich die Frage, ob uns Moral wichtiger sein kann als du und ich? Damit will ich nicht der Anarchie das Wort reden, aber sehr wohl überkommene Moralbegriffe hinterfragen. Männer und Frauen, die nach langen Partnerschaften, in denen ihnen – natürlich – das eine oder andere abhanden gekommen ist, eine Außenbeziehung erleben, sind oft selbst nicht mehr in der Lage, diesen Bruch ihrer eigenen Moralvorstellungen auszuhalten. Sie trennen sich dann lieber und beginnen eine neue Beziehung als ihre, vielleicht zu enge, Moral zu prüfen. Eine andere Möglichkeit wäre, die moralische Wertvorstellung zu prüfen. Das Fremdgehen offenzulegen. Anzuschauen, dass wir nicht schuldig sind, wenn wir uns in einen anderen Menschen verlieben. Den undenkbaren Gedanken zu denken, dass die Art und Weise, wie wir beide unsere Beziehung gestaltet haben, sicher damit zu tun hat, dass eine/r das Bedürfnis hat, sich einem anderen zuzuwenden.

Kaum ein Paar ist gegen Seitensprünge gefeit, die oft das Ende der Beziehung bedeuten. Aber muss das so sein? Ist der Preis, den wir aus

»Die Ehe mit dem Ideal der ewigen Treue wurde zu einer Zeit erfunden, als die Menschen jung starben und ein Paar nur wenige Jahre miteinander lebte.«

Volkmar Sigusch, Vorsitzender der Deutschen Gesellschaft für Sexualforschung

Wut zahlen wollen, gerechtfertigt? Die Sehnsucht, zu lieben und geliebt zu werden, kann die Wahrnehmung verändern. Erkennen wir diese Liebe nicht mehr in der Partnerschaft, erscheint es uns leichter, mit einem neuen Menschen zu beginnen, als uns in der bestehenden Beziehung neu zu orientieren. Und manchmal ist die Beziehung tatsächlich ganz einfach vorbei. Ich bin nicht der Meinung, dass wir uns und unsere Beziehungen so weit im Griff haben können, dass es »egal ist«, mit wem wir verheiratet sind, wie ein populärer Beziehungsratgeber behauptet. Ganz im Gegenteil! Wir beeinflussen unsere Partnerschaft zu 50 % und müssen es aushalten, einfordern und uns zumuten, dass die anderen 50 % vom Partner einzubringen sind.

Sich zu verlieben, kann jedem passieren. Intimität mit einer dritten Person muss nicht zwangsläufig das Ende der bestehenden Partnerschaft sein. Was tun, wenn einer fremdging? Wie sollen wir mit Außenbeziehungen umgehen? Es gibt keine allgemeinverbindliche Regel, die für alle gleichermaßen Berechtigung hat. Keinen Platz, auf alle Fälle, gibt es für Moral. Wenn sie etwas brächte, dann sofort, aber was bringt sie uns? Das oft Kränkende an der Außenbeziehung ist die Verschleierung durch Lügen. Das rührt auch daher, dass man selbst nicht weiß, ob aus der Außenbeziehung nicht die nächste feste Beziehung werden kann. Die Lüge sich selbst, dem neuen und dem alten Partner gegenüber zeigt auch, dass ich mich noch nicht oder nicht mehr festgelegt habe. Dass ich beides will: die Sicherheit der alten Beziehung und die Aufregung der neuen.

Klar ist auch, dass es eine wesentlich größere Überwindung ist, dem Partner reinen Wein einzuschenken und die Außenbeziehung offenzulegen. Ich habe erlebt, dass es mir sehr viel Klarheit gebracht hat, mich dieser inneren Auseinandersetzung zu stellen. Meine Ängste und Zweifel vor diesem Schritt hätten mich fast zerrissen. Zu guter Letzt war diese Offenheit wohl einer der wichtigen Bausteine für die Freundschaft, die mich heute mit meiner früheren Frau verbindet, was auch unseren Kindern zugute kommt.

FRÜHLING

WIR WOLLEN WIE DER MONDENSCHEIN
DIE STILLE FRÜHLINGSNACHT DURCHWACHEN,
WIR WOLLEN WIE ZWEI KINDER SEIN,
DU HÜLLST MICH IN DEIN LEBEN EIN
UND LEHRST MICH SO, WIE DU, ZU LACHEN.

ICH SEHNTE MICH NACH MUTTERLIEB
UND VATERWORT UND FRÜHLINGSSPIELEN.
DEN FLUCH, DER MICH DURCHS LEBEN TRIEB,
BEGANN ICH, DA ER BEI MIR BLIEB,
WIE EINEN TREUEN FEIND ZU LIEBEN.

NUN BLÜHN DIE BÄUME SEIDENFEIN
UND LIEBE DUFTET VON DEN ZWEIGEN.
DU MUSST MIR MUTTER UND VATER SEIN
UND FRÜHLINGSSPIEL UND SCHÄTZELEIN!
UND GANZ MEIN EIGEN ...

Else Lasker-Schüler
Mit freundlicher Genehmigung
des Suhrkamp-Verlags

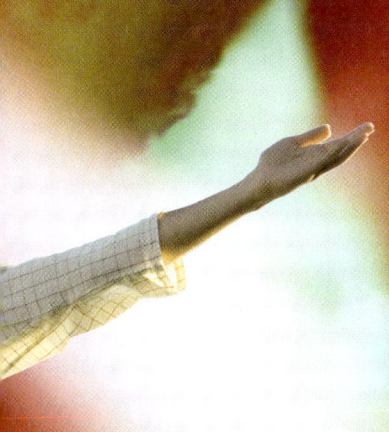

MACHT IN UNSERER

WER HAT SIE, WIE WIRD SIE
WIE GEHEN WIR DAMIT UM?

BEZIEHUNG:

BENUTZT UND

»Zweifle nicht
an dem
der dir sagt
er hat Angst,
aber hab
Angst vor dem
der dir sagt
er kennt
keinen Zweifel«

Erich Fried

Ich habe den Eindruck, dass sich viele Menschen fast ständig in Lebenskrisen fühlen. Die Sicherheit, die sie eigentlich zum Leben brauchen, ist nicht gegeben, immer mehr ist fremdbestimmt. Doch neue Ideen und Veränderungsangebote sind dabei, Fuß zu fassen. Initiativen auf verschiedenen Ebenen sind Erfolg versprechend auf den Weg gebracht. Beispiele sind, die Arbeitswelt betreffend, die Idee des »garantierten Grundeinkommens«; die Welt der Bildung betreffend, die »Treibhäuser der Zukunft«. Beides sind keine Träumereien oder Randerscheinungen, sondern durchdachte Konzepte, die immer mehr Menschen inspirieren, Ideen in Taten umzusetzen, die sie vor Jahren noch nicht einmal zu träumen wagten. Beide Konzepte stellen die aktuellen Machtverhältnisse im Hinblick auf ihren Nutzen für die Beziehungen der Menschen untereinander infrage. Mit Macht in der Paarbeziehung umgehen zu lernen, steht im Zentrum dieses Kapitels.

Wir sind schnell bereit zu beurteilen, was geht oder nicht geht, und legen dabei die Erfahrungen zugrunde, die wir bisher gemacht haben. Etwas zu denken, was wir bisher noch nicht gedacht haben, nämlich, dass wir unsere Zukunft gestalten und unser sehr endliches Leben noch verändern können, darum geht es hier. Im Wesentlichen rühren unsere Partnerschaftskrisen daher, dass wir von unserem Partner Vorstellungen haben, ihn aber in Wirklichkeit nicht wahrnehmen, wie er oder sie tatsächlich ist. Wir brauchen Geduld, wir müssen Jahrhunderte von Konformitätsdenken abschütteln, persönliche Verletzungen überwinden und lernen, eine gute Balance zwischen unseren unmittelbaren Gefühlen und unserem Verstand zu finden.

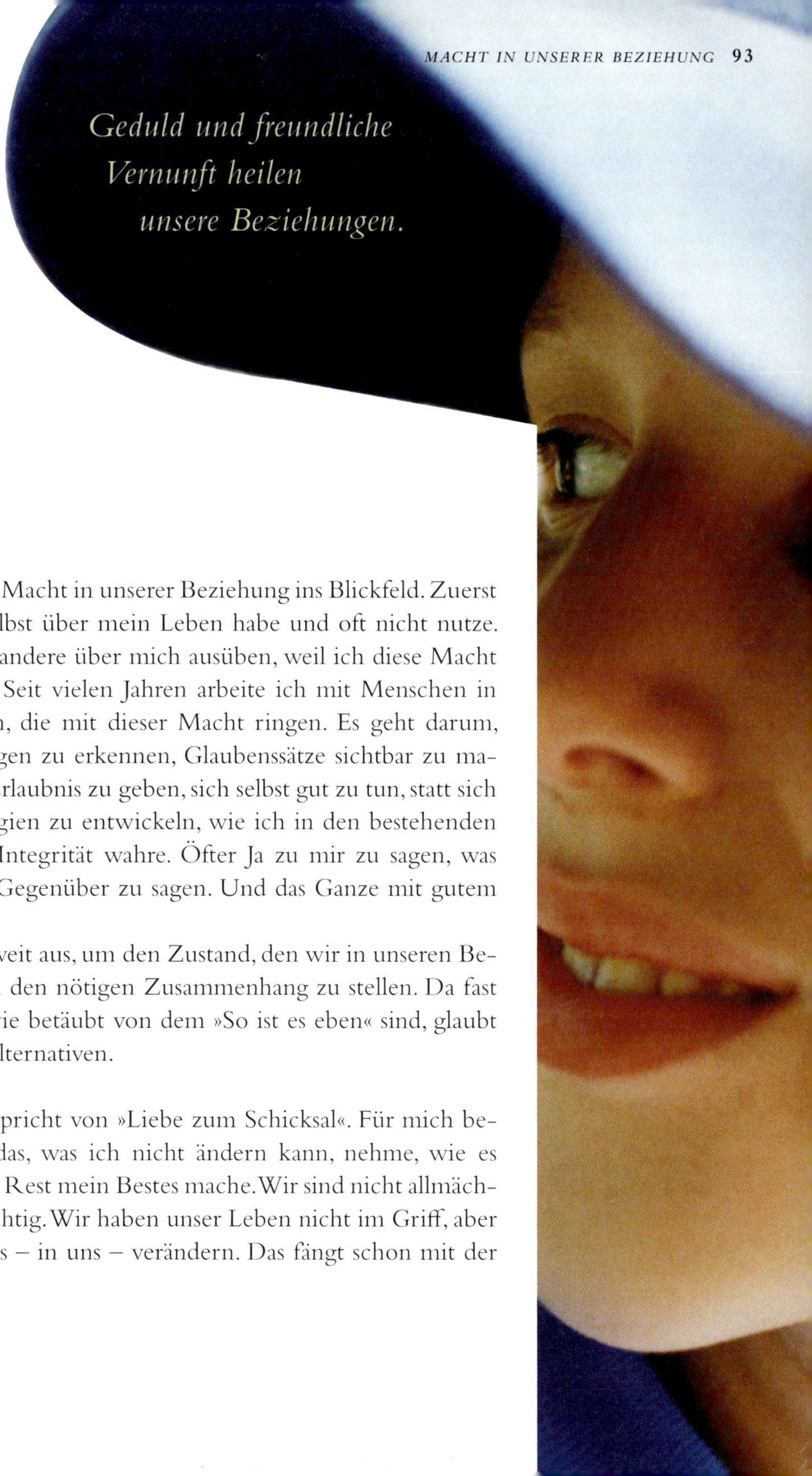

Geduld und freundliche
Vernunft heilen
unsere Beziehungen.

Jetzt rückt also die Macht in unserer Beziehung ins Blickfeld. Zuerst die Macht, die ich selbst über mein Leben habe und oft nicht nutze. Dann die Macht, die andere über mich ausüben, weil ich diese Macht nicht zu mir nehme. Seit vielen Jahren arbeite ich mit Menschen in Familien und Firmen, die mit dieser Macht ringen. Es geht darum, eigene Einschränkungen zu erkennen, Glaubenssätze sichtbar zu machen. Sich selbst die Erlaubnis zu geben, sich selbst gut zu tun, statt sich zu verleugnen. Strategien zu entwickeln, wie ich in den bestehenden Verhältnissen meine Integrität wahre. Öfter Ja zu mir zu sagen, was bedeutet, Nein zum Gegenüber zu sagen. Und das Ganze mit gutem Gewissen.

Ich hole bewusst weit aus, um den Zustand, den wir in unseren Beziehungen erleben, in den nötigen Zusammenhang zu stellen. Da fast alle um uns herum wie betäubt von dem »So ist es eben« sind, glaubt fast keiner mehr an Alternativen.

Friedrich Nietzsche spricht von »Liebe zum Schicksal«. Für mich bedeutet das, dass ich das, was ich nicht ändern kann, nehme, wie es kommt. Und aus dem Rest mein Bestes mache. Wir sind nicht allmächtig und nicht ohnmächtig. Wir haben unser Leben nicht im Griff, aber wir können Wichtiges – in uns – verändern. Das fängt schon mit der Freude am Leben an.

»JEDE FORM VON DRUCK, EGAL OB ER VON AUSSEN KOMMT

ODER ABER VON INNEN ALS EIGENES, STARKES BEDÜRFNIS

ERZEUGT WIRD, ZWINGT DAS DENKEN IN ALTE,

VORGEFERTIGTE BAHNEN. DAS IST GUT SO, DENN MIT HILFE

BEWÄHRTER DENKMUSTER LASSEN SICH PROBLEME

ÄUSSERST EFFIZIENT LÖSEN. WENIGER GUT IST ALLERDINGS,

DASS ES UNTER SOLCHEN BEDINGUNGEN KAUM GELINGT,

NEUE VERKNÜPFUNGEN HERZUSTELLEN, ALSO KREATIVE UND

INNOVATIVE LÖSUNGEN ZU FINDEN.«

Gerald Hüther, Gehirnforscher

DU SOLLST NICHT MERKEN …

Um zu verstehen, woher unser heutiges Verhalten kommt, müssen wir die Zeit etwas zurückdrehen: an den Punkt, an dem dieses Verhalten geprägt wurde. Wenn wir nach dem Gebrauch und Umgang von Macht in unserer Beziehung fragen, hilft der Blick auf unsere Erfahrungen, die wir in der Vergangenheit mit Macht und dem Instrumentarium der Macht durchlaufen haben. Von Kindesbeinen an wird uns mitgeteilt: »Du bist gut, wir lieben dich, *wenn du das machst, was wir wollen.*« Gehorsam wird in der Regel mit Gewalt, früher mit physischer, heute eher mit psychischer Gewalt hergestellt. Gehorsam untermauert Macht. Gehorsam wurde mit Demütigung, Bestrafung oder Belohnung erzwungen. Gehorsam wird mit Liebe gleichgesetzt.

Das Verflixte dabei ist, dass wir kaum andere Erfahrungen machen konnten. In der Familie hatten es die Folgsamen leicht. Die Widerspenstigen wurden durch Strafe oder Ausschluss gebrochen. In neuerer Zeit wird Gehorsam weniger durch Bestrafung erzielt, sondern durch Belohnung. Belohnung als Erziehungsmittel hat den Vorteil, dass sich die Erziehenden besser fühlen, als wenn sie strafen, und es entsteht die Illusion, das Kind (oder der Erwachsene) könne sich frei entscheiden. Dabei wird durch Erziehung mit Belohnung der Druck nur raffiniert verkleidet. Wir tun so, als ob es um das persönliche Wohl des Kindes ginge, dabei geht es nur um die Durchsetzung unserer eigenen Vorstellungen und nicht darum, ob das Kind das, was es gehorsam tut, wirklich will. Durch diese Erfahrungen geformt, ist es kein Wunder, dass wir mit einer ähnlichen Erwartungshaltung an unsere Partnerbeziehung herangehen: mit dem Gefühl, die Macht an uns reißen zu müssen, um nicht betrogen zu werden, oder aber gezwungen zu sein, uns unterzuordnen und zu gehorchen.

Die Prägung in unserer Familie war noch nicht das Ende des Lieds. Was wir mit dem Begriff Sozialisation umschreiben, setzte sich nahtlos fort. Eigentlich haben wir uns auf die Schule gefreut. Endlich kein Kind mehr sein, sondern zu den Großen gehören! Doch wir merkten schnell, dass dieses Großsein sehr anstrengend ist und überhaupt keine Freude macht: Zuhören, aufpassen, aufnehmen, still sitzen, ruhig sein, Wissen schlucken, bei Prüfungen wieder ausspucken, Bulimie-Lernen.

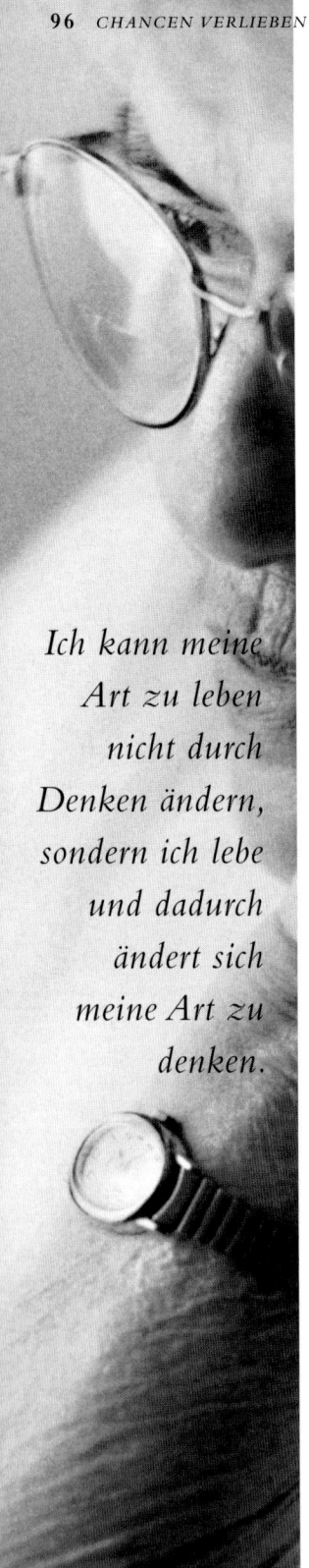

Ich kann meine Art zu leben nicht durch Denken ändern, sondern ich lebe und dadurch ändert sich meine Art zu denken.

Gehorchen, möglichst wenig Fehler machen, »richtige« Antworten geben, das hat uns Kindern keinen Spaß gemacht und unseren Lehrern auch nicht. Das haben wir daran gemerkt, dass alle so spät wie möglich kamen und so schnell wie möglich diesen Ort der Belehrung verlassen wollten. An Stelle von Kreativität traten vorprogrammiertes Denken und die Beurteilung durch Wissensabfrage.

Was erhalten wir da für ein System, das seit 100 Jahren freudige, junge Schüler empfängt und den Großteil mit einem »Nichts wie raus hier« wieder ausspuckt? Wenn also diese Schule so überhaupt keine Freude und Hoffnung macht, ist es dann ein Wunder, dass Jugendliche sich in ihre eigene Welt vor Computerbildschirme zurückziehen? Was fällt uns dazu ein? Ein Gesetz, das die Spiele verbietet. Wer hält dieses System am Laufen? Alle, die nichts ändern.

Natürlich geht es so in der Berufsausbildung, im Studium und an den meisten Arbeitsplätzen weiter. Ist es da nicht ein bisschen naiv, ganz erstaunt zu schauen, wenn es in unseren Beziehungen nicht besonders gut läuft und sich der ganze Schlamassel wiederholt? Wir haben gar nicht gelernt, uns freudig dem Leben zuzuwenden und durch eigenes Erfahren und Entdecken Interesse für dieses Leben zu entwickeln.

Und es gibt sie, die Hoffnung machenden Familienwerkstätten, die neuen Schulen und Initiativen, die die Würde des Menschen ins Zentrum ihrer Arbeit stellen und nicht die Disziplinierung verehren. Die das vorbehaltlose Vertrauen der Kleinen in die Großen rechtfertigen. Die versuchen, nicht besser zu wissen, sondern besser zu handeln. Das ist eine spezielle deutsche Situation, unsere europäischen Nachbarn haben früher umgesteuert. Das *brandeins* Wirtschaftsmagazin zitiert eine eindrucksvolle Studie: »Anteil der Deutschen, die glauben, dass die Kinder von heute es einmal leichter haben werden, in Prozent: 3% – Anteil der Finnen, die glauben, dass die Kinder von heute es einmal leichter haben werden, in Prozent: 46%. «

WAS ICH TUN KANN

Geben Sie sich die Erlaubnis für Ihre eigenen Entscheidungen. Lernen Sie, mit Ihrer Angst umzugehen. Werden Sie selbst aktiv. In der weiterführenden Literatur am Ende finden Sie Buchtitel, um Ihr spezielles Interesse zu vertiefen. Überprüfen Sie Ihre inneren Verbote und Erlaubnisse, ob sie noch für Sie stimmen. Lassen Sie frischen Wind in Ihre Gedanken, schauen Sie auf andere, wie die es geschafft haben. Beginnen Sie zu leben! Sie haben eine Wahl nur, wenn Sie handeln. Sie gestalten Ihr Leben! Finden Sie Ihre Wahrheiten. Was ich hier schreibe, sind meine Überzeugungen, die sich bestimmt von den Ihren unterscheiden. Es geht um Ihre Unabhängigkeit. Es gibt nicht die eine Wahrheit – misstrauen Sie denen, die behaupten, eine solche zu besitzen und zu verkünden.

In einem Interview im *Stern* zeigte der Psychoanalytiker Arno Gruen, warum es so wichtig ist, zur eigenen Wahrheit zu finden: »Wird einem kleinen Menschen der Willen eines übermächtigen Erwachsenen aufgezwungen, macht er automatisch das Fremde zum Eigenen und wird sich dadurch fremd. Statt eine eigene Identität zu entwickeln oder sein Selbst zu entdecken, muss er Gefühle und Wahrnehmungen aufgeben, einfach aus panischer Angst davor, die Verbindung zu den Eltern zu verlieren. Wird ein Kind einmal in diese Richtung gezwungen, klammert es sich unter Umständen ein Leben lang an Autoritäten. Die Unterdrückung alles Eigenen löst Hass und Aggressionen aus, die sich nie gegen den Unterdrücker richten, sondern meist andere Opfer suchen.«

Es ist die schönste Liebeserklärung zu spüren, dass mein Partner meine Art zu sein schätzt und mich so liebt, wie ich bin. Aber zuerst muss ich dieses Gefühl in mir überhaupt für möglich halten! Wir alle brauchen die Erfahrung, gewollt, willkommen und gebraucht zu sein.

ZWISCHEN ELTERN UND SCHWIEGERELTERN

Macht spielt in der Paarbeziehung eine wichtige Rolle, darüber wird wenig gesprochen. Es geht mir darum, die Folgen der Machtlosigkeit und des Machtmissbrauchs in Beziehungen anzuschauen. Dazu ist es wieder nötig, den Kontext zu sehen, aus dem wir kommen und der unser Gefühl für Macht oder Ohnmacht bestimmt.

Macht haben bedeutet, nicht lernen zu müssen! Machtmissbrauch verhindert eine gleichwürdige Beziehung. Wenn Paare miteinander mehr in Beziehung kommen, gibt es vermehrt Konflikte. Werden diese Konflikte mit Macht beendet oder unterdrückt, ist die Partnerschaft auf Augenhöhe vorbei.

Doch nicht nur zwischen den Partnern geht es um Macht, auch zwischen uns und unseren Eltern oder Schwiegereltern. Dazu ein Beispiel:

Hanne und Pierre sind beide um die dreißig und haben einen Sohn. Christian ist fünf. Wenn Hannes Schwiegereltern zu Besuch waren, ist die Familie eine Woche durcheinander. Pierres Vater redet wenig, das gleicht seine Mutter spielend aus. Ohnmächtig lauschen Hanne und Pierre, wenn die Schwiegermutter mit dem gefürchteten Satz auftrumpft: »Ich will mich ja nicht einmischen, aber wie ihr mit dem Kleinen umgeht … ihr werdet schon sehen.« Dabei schwingt sie drohend ihren Zeigefinger. Die Schwiegertochter fühlt sich machtlos, der Sohn gelähmt.

Was passiert hier? Die Grenzen der jungen Eltern werden überschritten. Die ungefragt gegebenen Tipps sind eigentlich Anweisungen. Die Großmutter tut so, als ob sie besser oder überhaupt weiß, was »man« zu tun hat. Der Sohn kommt in Loyalitätskonflikte. Die Schwiegertochter sieht sich einer allmächtigen Gegnerin gegenüber, die ihren Mann noch stark beeinflussen kann. Eine Kettenreaktion wird ausgelöst, ohne bösen Willen, aber aus Unbedachtheit und Gewohnheit! Die Schwiegermutter tut das, was sie immer getan hat, mit dem Unterschied, dass ihr Sohn kein Kind mehr ist und nun eine

Familie hat – in der die Verantwortung gemeinsam bei ihm und seiner Frau liegt. Pierre wird gezwungen, sich an die Seite seiner Frau zu stellen, wenn er erwachsen werden will und Ruhe in die Familie kommen soll. Das bedeutet, dass sich das Verhältnis zu seiner Mutter verändern wird.

Er muss sich entscheiden, ob er der Sohn seiner Mutter bleiben oder der Mann seiner Frau werden will. Diese Entscheidung hat er immer versucht zu verhindern, wohl wissend, dass sie auf wenig Gegenliebe bei seiner Mutter trifft. Sie wird ihn mit Blicken, Gesten, Worten zurechtweisen, wie damals, als er noch klein war. Jetzt ist es für ihn an der Zeit, sich nicht mehr wie ein Fünfjähriger zu verhalten, sondern als der dreißigjährige, erfolgreiche Informatiker, der er heute ist. Natürlich bleibt er immer der Sohn seiner Eltern. Jetzt muss dieser Sohn seine eigenen Grenzen setzen, wie er es schon mit der eigenen Wohnung, dem eigenen Beruf, der wachsenden Familie getan hat. »Meine Frau und ich, wir beide sind das Team! Was unsere Ehe, unsere Familie angeht, bist du, Hanne, an der ersten Stelle, nicht meine Mutter!« Das ist der erste Schritt in einem langen Prozess. Das stärkt die Beziehung von Hanne und Pierre. Der Konflikt besteht jetzt zwischen Pierre und seiner Mutter, die beiden haben etwas miteinander auszuhandeln. Das ist nicht im aussichtslosen Streit zwischen Hanne und ihrer Schwiegermutter zu klären.

Ich kenne Ähnliches aus eigener Erfahrung. Meine Eltern haben es sich zur Gewohnheit gemacht, mich als ihren Streitschlichter zu betrachten. Zuerst habe ich mich verantwortlich gefühlt als braver Sohn und war stolz, so »wichtig« zu sein! Nach und nach wurde mir die Verkorkstheit dieser Situation bewusst, die natürlich keine Veränderung in die Probleme meiner Eltern brachte. Als ich auf den »Hilferuf« meiner Mutter antwortete: »Das sind eure Probleme, ich kann die nicht lösen, das müsst ihr selbst tun«, war die Reaktion meiner Mutter Rückzug und Strafen durch Schweigen. Sie war nicht bereit, meine Entscheidung zu akzeptieren. Sie wollte, dass alles bleibt wie immer. Ähnliche Reaktionen bekam ich auf die Unterbindung von Erziehungstipps. Ich habe damals akzeptiert, dass meine Mutter ihre Sicht der Dinge behält und wir als Familie unsere eigenen Erfahrungen machen. Das hat uns gut getan und mich einige Illusionen gekostet.

Macht haben bedeutet, nicht lernen zu müssen!

WAS ICH TUN KANN

Wenn Sie in einer Konfliktsituation zu Ihrer Mutter oder Ihrem Vater stehen, bedeutet das nicht, dass Sie damit diesen Elternteil nicht mehr lieben. Es bedeutet, dass Sie auf dem Weg sind, erwachsen zu werden und nach Ihrer eigenen Pfeife zu tanzen beginnen!

Besprechen Sie mit Ihrem Partner Ihren Zwiespalt und wie schwer es Ihnen fällt, eine Entscheidung zur Eigenverantwortlichkeit zu treffen. Dass Sie Ihre Mutter dafür lieben, dass Sie Ihre Mutter ist, aber nicht akzeptieren, dass sie Sie nach wie vor wie ein Kind behandelt. Trennen Sie die Person von ihrem Verhalten: »Ich liebe dich als meine Mutter, aber ich akzeptiere nicht, dass du meine Frau zurechtweist.«

Respektieren Sie als Schwiegertochter, Schwiegersohn das tiefe Verhältnis, das Mutter und Kind verbindet. Es kann ein sehr empfindliches Thema für beide sein und das kann bedeuten, dass beide Zeit brauchen, einen guten Weg zu finden, um damit umzugehen.

Halten Sie zu Ihrem Partner, entscheiden Sie sich für Ihre Frau oder Ihren Mann! Lassen Sie sich diese Entscheidung nicht so auslegen, als wäre es eine Entscheidung gegen Ihre Eltern. Das ist sie nicht. Das Leben geht vorwärts, nicht rückwärts. Und wenn Ihre Eltern die angemessene Trennung nicht aushalten können, ist das nicht Ihr Problem. Im Gegenteil, diese Klarstellung wird sich sehr reinigend auf die bestehenden Illusionen in den Herkunfts- und Gegenwartsfamilien auswirken. Sie nehmen Ihre Macht und Kraft zu sich.

VERACHTUNG UND VORURTEILE

In Konflikten mit den Schwiegereltern stehen sich Gepflogenheiten aus zwei Herkunftsfamilien gegenüber. »Wir machen das so«, bedeutet für die meisten auch, »so ist das richtig«. Das führt schnell zu Vorurteilen und Vorverurteilungen, deshalb hierzu ein paar Worte.

Wer andere verachtet oder abwertet, will sich besser fühlen. Andere Gruppen werden gern abgewertet, um sich selbst positiver darzustellen:

»Männer sind Schweine, Frauen sind Schlampen, Neger dies, Chinesen das.« Es ist so billig und doch ansteckend – und das Schlimmste: Es bringt nur einen Austausch im Schlechten, es tut niemandem gut. Denn selbst dem Besserfühler verfliegt rasch der zweifelhafte Genuss, besser zu sein, es entwickelt sich eine Persönlichkeitsstruktur angefüllt mit destruktiver Gewalt, die keine eigene Identität entstehen lassen kann. Anderssein wird daher abgelehnt, weil es verunsichert. Wer die Definitionsmacht hat, definiert, was »richtig« und »falsch« ist und tut so, als ob das allgemeinverbindliche Werte wären.

Zusammengehörigkeit braucht keinen Gehorsam.

Woher kommen Vorurteile? Wir stecken Menschen in Schubladen, um zu vereinfachen und ein »wir« und »die anderen« herzustellen. Wir kategorisieren und teilen ein und sofort findet eine Aufwertung der eigenen Gruppe und eine Abwertung der anderen Gruppe statt. Nach diesem Schritt ist es nur noch ein Katzensprung zu Rassismus und Sexismus. Die Macht dieser Kategorisierung liegt in der Annahme, dass wir Gruppen aus Individuen, ja ganze Völker (*die* Amerikaner, *die* Chinesen, *die* Deutschen ...) mit den gleichen Merkmalen beschreiben könnten. Wie absurd! Wir tun so, als ob 80, 200 oder 1000 Millionen Menschen alle gleiche Merkmale hätten.

Dieses Verhalten ging uns jedoch in Fleisch und Blut über. Wir haben es als Kinder bei allen Erwachsenen erlebt, gesehen, verbal, nonverbal mitbekommen. Und geglaubt. Jetzt ist es Zeit, mit diesen Vorverurteilungen aufzuräumen. Was hat das mit Beziehung, Partnerschaft

zu tun? Denken Sie an Ihre Schwiegermutter, an die neue Freundin Ihres Ex-Partners, schon ist der Bezug klar, denke ich.

Wir wundern uns, weil uns Beziehungen nicht gelingen und wir keine schnell sichtbaren Gründe dafür finden. Die Ursachen liegen oft weit zurück und sind so komplex, dass sich viele Bücher füllen ließen. Ein Grund liegt darin, dass unsere Kultur Menschen erzeugt ohne eigene Identität, die jedoch glauben, eine solche Identität zu besitzen, weil ihr Gehorsam ihnen ein Zugehörigkeitsgefühl weismacht. Das

gute Gewissen, das sich auch noch dabei einstellt, suggeriert, wir würden aufgrund unserer eigenen Entscheidungen handeln. Dabei waren wir nur brav, domestiziert. Vom Lob der Disziplin betäubt! Ohne uns je zu trauen, danach zu fragen, ob das, was wir da tun, uns überhaupt gut tut.

So werden wir nie in glücklichen Beziehungen leben. Wir müssen uns gemeinsam auf den Weg machen oder auch allein. Wir müssen lernen, was *für uns* »richtig« ist und uns das nicht von anderen vorsagen lassen. Wir müssen lernen, wie »das Richtige« zustande kommt und warum gerade dies für uns »das Richtige« ist! Wir müssen das vorprogrammierte Denken reduzieren und uns trauen, neu zu fühlen und zu handeln. Mit Kopf und Herz. Wir haben jeden Moment die Wahl, dem Eigenen zu vertrauen oder das Eigene zu verwerfen. Aber nur das Eigene erfüllt uns mit tiefer Befriedigung.

Ich habe erlebt, dass wir verzweifeln, weil wir nicht erklären können, woher all der Frust und die Ratlosigkeit in Beziehungen kommen. Hier liegt für mich der Ursprung: in der Missachtung unserer menschlichen Würde, ganz früh und fortwährend. Dazu kommt erschwerend, dass sich alle anschauen und, schulterzuckend, die unglücklichen Zustände als ganz normal ansehen. Das sind sie nicht!

Es werden immer mehr Menschen, die auf diese Ungleichgewichte hinweisen, die uns Mut machen, selbst zu handeln. Die uns lehren, wie wir unsere Unsicherheit ertragen. Wie wir uns bewusst werden, dass das, was wir als Sicherheit erleben, oft eine vom Wohlmeinen der Mächtigen abhängige Sicherheit ist.

Die Voraussetzung für eine erfüllende Beziehung, die Raum für persönliche Entwicklung erzeugt, ist Nähe. Nähe, die als liebevoll erlebt wird, gedeiht jedoch nie, wenn Disziplinierung und Gehorsam im Spiel sind. Das ist im Babyalter wie in der Ehe gleich. Wenn wir nur auf den Ausschnitt der bestehenden Partnerschaft schauen, können wir nur Auswirkungen, aber keine Ursachen sehen. Deshalb beschreibe ich weiträumig mögliche Ursachen für gelingende oder nicht gelingende Beziehungen. Sie entscheiden, was mit Ihnen etwas zu tun hat und was nicht.

Was will ich?

WAS ICH TUN KANN

Mein Erlaubnisprogramm

Sie finden bestimmt noch stimmigere Sätze, die Sie ermuntern, in Schwung zu kommen! Hier ein paar Ideen:

Ich erlaube mir zu fühlen, wie es mir geht.

Ich erlaube mir, mit dir darüber zu sprechen.

Ich spreche mit mir über meinen Schmerz.

Ich darf die Angst, die ich habe, anschauen.

Ich darf glücklich und zufrieden sein.

Ich erlaube mir, mich zu lieben, so wie ich bin.

Ich sorge für mich.

Ich traue dem Leben.

Was ist der Lohn der Angst? Welchen Preis muss ich bezahlen, wenn ich diese Schritte gehe? Zuerst werde ich vielleicht auf Unverständnis stoßen. Aber lassen Sie die Zweifel, die andere vorbringen, beiseite. Gehen Sie Ihren persönlichen Weg, in Ihrem Tempo. Es geht um Eigenverantwortung. Will ich so weitermachen wie bisher oder will ich den nächsten Schritt tun und mich endlich mit meinen »Dämonen« im Kopf konfrontieren, die mich lähmen und mir suggerieren, dass ich nur ein gutes Gewissen haben kann, wenn ich mich selbst verleugne und pariere?

STREITKULTUR:

VOM PAAR-KONFLIKT ZU HOFFNUNG UND HEILUNG

*Wir kommen
unschuldig,
heil und
vollkommen
auf die
Welt.*

Wenn es in Paarbeziehungen kracht, ist das häufig ein Zeichen, dass das meiste in Ordnung ist. Die Unterschiedlichkeit und Identität der Partner verstärken sich – gute Voraussetzungen für eine Partnerschaft. Im Gegensatz dazu wären harmonische Verschmelzung und kindliche Symbiosewünsche eher ein Alarmzeichen: Vorsicht, das geht nicht lange gut! Verschmelzung beruht auf der Auflösung der Unterschiede, das hält keine Liebe lange aus.

Wir kommen unschuldig, heil und vollkommen auf die Welt! Während unserer ersten Lebensjahre werden wir von den wichtigsten Menschen, mit denen wir leben und zu denen wir eine Bindung aufbauen, gefördert und geliebt, aber auch eingeschränkt und emotional verletzt. Das erzeugt in uns ein »inneres Bild« aller positiven und negativen Eigenschaften der Menschen um uns, meist unserer Eltern. Dieses »innere Bild« suchen wir im Partner wieder. Deshalb verlieben sich Chancen! Es sind die Chancen, sich in der Begegnung mit dem Partner heilen zu können. Ist es nicht wunderbar, dass wir durch den unbändigen Drang der verliebten Liebe den entscheidenden Hinweis bekommen, mit wem wir uns weiterentwickeln können?

Wir suchen unbewusst nach Partnern, die unserem inneren Bild unserer wichtigsten frühen Bezugspersonen entsprechen, um die Verletzungen, die wir als Kind erlitten haben, gemeinsam zu heilen und die Geborgenheit und Wärme, die wir hoffentlich auch erfahren haben, wiederzuerleben. Das Verlieben weist uns sozusagen auf den Menschen hin, mit dem Wachstum und Heilung möglich sind. Verlieben sich beide, kann die gemeinsame Liebe zum Kraftwerk gegenseitiger Unterstützung werden.

In Ihren Konflikten mit dem Partner stecken die »Goldklumpen«, die Sie selbst und Ihre Beziehung weiterbringen! Es dauert nicht lange und schon tauchen nach der Verliebtheit typische Streitthemen auf. Im Normalfall versuchen wir diesen heiklen Konfliktthemen auszuweichen und sie zu vermeiden und verzichten damit auf die Durchsetzung unserer Wünsche. So werden wir die Konflikte allerdings nicht los. Sie tauchen immer und immer wieder auf, dann bleibt es unbefriedigend für beide.

Wenn wir lernen, unsere Konflikte zum Thema zu machen, uns trauen, konstruktiv zu streiten, die Meinungsverschiedenheiten an der

Sache fest zu machen und nicht am Menschen, wenn wir lernen, Verhalten und Person zu trennen, ist statt des schleichenden Verlusts von Lust auf Leben und Liebe eine schrittweise Veränderung möglich.

DAS PAAR IM ZENTRUM

Zu viele Paare lassen es zu, dass ihre Zweierbeziehung an den Rand gedrängt wird. Der Beruf, andere Interessen, die Kinder verhindern, dass sich das Paar im Zentrum sieht. Wenn die Liebe zusammen mit dem Paar im Zentrum steht, ist das die Basis für eine gelingende Beziehung und eine Familie, in der sich alle am richtigen Platz fühlen, die Kinder entlastet sind und in der auch Arbeit ihren Stellenwert zugeteilt bekommt als Mittel zum Zweck (ein gemütliches Leben zusammen zu führen) und nicht als reiner Selbstzweck!

Alle Paare erleben Krisen, es geht darum, wie Sie damit umgehen. Und die gute Nachricht ist: Sie können damit umgehen.

Das Gegenteil von »Paar/Liebe im Zentrum« ist der Ausschluss. Ausschließen ist ein beliebtes Mittel, um den anderen dazu zu bringen, sich so zu verhalten, wie man es selbst will. Natürlich fängt das schon in unserer Kindheit an. Bekannt ist der stille Stuhl, Stubenarrest und dergleichen: der Versuch, über distanzierende Strafe zu einer Lösung zu kommen. Machtausübung. Das funktioniert nur, wenn sich der ausgeschlossene Mensch unterwirft, gehorcht. In der Erziehung ist es ein untaugliches Mittel. In erwachsenen Beziehungen ist es der Anfang vom Ende einer gleichwürdigen Partnerschaft. In der Partnerschaft gibt es natürlich keinen Stubenarrest, jedoch geschieht mit den Schwierigkeiten oft etwas Ähnliches: Zuerst werden sie geheim gehalten und dann wird sich bei Dritten beklagt.

In Partnerschaften hat der Ausschluss von Gefühlen ebenso problematische Folgen wie in der Erziehung. Sobald die

Mein mich schlecht Fühlen ist wichtig genug, um es zu ändern. Ich kann das klären und verändern. Dazu brauche ich wahrscheinlich deine Hilfe.

ernsten Probleme nicht mit dem Partner besprochen, sondern mit Dritten beklagt werden, geht Lösungskraft, die ja in dem Problem liegt, verloren. In Partnerberatungen ermutige ich jeden, der alleine in die Beratung kommt, so schnell wie möglich die Dinge mit seinem Partner anzusprechen, die er mit mir zu klären versucht. Einzelne Beratungsgespräche können für ein bis fünf Treffen sinnvoll sein. Danach ist es die Aufgabe des Paares, sich selbst wieder in den Mittelpunkt zu stellen. Ich habe das Bild von zwei Planeten, die um einander kreisen, außen herum die Kinder, weitere Familienangehörige, gute Freunde, Berater. Das Zentrum bildet das Paar und seine Liebe füreinander. Prüfen Sie selbst, inwieweit Sie beide noch Interesse haben, den Kern dieses Systems zu bilden. Und was Sie selbst bereit sind, dafür zu tun und was nicht.

Der Versuch, Ihre Sorgen geheim zu halten, schwächt Sie. Sehen Sie sich als Paar, das Schwierigkeiten hat (wie jedes Paar) und bereit ist, diese zu verändern. Diese Arbeit ist anstrengend, aber erfolgversprechend.

»Einen Konflikt beizulegen erfordert, dass wir die Aggression berühren, die Wut berühren, die Gewalt berühren und uns ihr nicht überlassen.«

Claude AnShin Thomas

WAS ICH TUN KANN

Haben Sie Angst, die wichtigen Fragen zu stellen, den Dingen auf den Grund zu gehen? Vielleicht haben Ihre Eltern Sie bestraft, wenn Sie zu viel gefragt haben? Vielleicht wussten die Eltern keine Antwort, vielleicht haben sie den Machtverlust gefürchtet. Vielleicht wurden Ihre Fragen bewusst überhört oder man hat Ihnen Lügen erzählt – und Sie merkten, da stimmt etwas nicht. Damals waren Sie hilflos, als Kind. Heute sind Sie erwachsen und haben die Wahl, Sie entscheiden! Manchmal verwechseln wir den Lebenspartner mit einem früheren Elternteil. Dann reagieren wir mit den Gefühlen des hilflosen Kindes statt denen eines handlungsfähigen Erwachsenen. Erwachsene spüren ihren Schmerz und können sich sogleich um Heilung bemühen.

Alice Miller, Arno Gruen und viele andere sehen die Ursachen von Depressionen, Panikattacken oder gewalttätigen Reaktionen gegenüber Mitmenschen und Kindern in unseren Verletzungen und Misshandlungen in der Kindheit. Die damals entstandenen Emotionen bleiben in unserem Körper gespeichert, ohne dass die wahren Ursachen der Verzweiflung, der Angst oder der Wut bewusst werden. Nun können wir als Erwachsene damit beginnen, zusammen mit dem Partner diese Wunden zu heilen.

Konflikte in einer Paarbeziehung entwickeln sich auch, weil der eine Partner möchte, dass die eigenen Familienwerte vorherrschen – vor den Werten des Partners. Jeder meint: So wie es bei uns zu Hause war, war es richtig. Damit die Liebe in Ihrer Beziehung bleibt, ist es wichtig, dass beide aufhören mit dieser Rechthaberei und stattdessen gemeinsame Werte miteinander aushandeln. Beide Partner können anerkennen, dass die Werte, die der Partner mitbringt, gleich gültig und gleichwertig sind. Keine leichte Übung. Ein Geheimnis guter Paarbeziehungen ist, dass die Partner einander lassen können, wie sie sind.

Das Mittel gegen die Angst ist Vertrauen.

Sprechen Sie zusammen darüber, wie Ihre Mutter und Ihr Vater miteinander Beziehung gelebt haben und wie Sie selbst das erlebt haben. Wie sind Ihre Eltern mit Konflikten umgegangen? Welche Erfahrungen haben Sie mit Ihren Geschwistern gemacht? Welche wichtigen Erfahrungen bringen Sie aus früheren Partnerschaften mit? Wiederholt sich da etwas? Was wollen Sie auf jeden Fall beibehalten? Was wollen Sie ändern?

Angenommen, Sie wachen morgen früh auf, nach einem entspannenden Schlaf, und diese Schwierigkeiten wären wie weggeblasen, was wäre anders? Wie würden Sie sich fühlen? Wie würde Ihr Partner erkennen, dass sich etwas verändert hat? Vielleicht ist das beste Mittel gegen den Liebeszerfall in einer Beziehung die gegenseitige Unterstützung. Wenn beide das Gefühl haben: Der Partner bemüht sich aktiv, mich zu entlasten, geht es beiden entscheidend besser.

> *»Wir müssen nicht unser Leben lang in die Gefühle des hilflosen Kindes einsteigen, wie es manche Primärtherapeuten meinen und empfehlen, wenn wir unsere tiefsten Bedürfnisse erkennen und sie uns erfüllen können.«*
>
> Alice Miller

»AN DEN FOLGEN VON SEELISCHEN VERLETZUNGEN IN DER KINDHEIT LEIDET NICHT NUR EINE BEGRENZTE GRUPPE VON MENSCHEN, SONDERN DER ÜBERWIEGENDE TEIL DER WELTBEVÖLKERUNG. DOCH ES SIND NUR WENIGE, DIE ES WISSEN WOLLEN, WEIL DIE ANGST VOR DER DAMALIGEN HILFLOSIG-KEIT DES GESCHLAGENEN KINDES SIE VON DIESEM WISSEN ABHÄLT. DENN ICH GEHE DAVON AUS, DASS WIR ALLE, BIS AUF WENIGE AUSNAHMEN, IN DER KINDHEIT GESCHLAGEN WURDEN,
IN DEN MEISTEN FÄLLEN SEHR FRÜH. EIN GESCHLAGENES KIND ERWARTET STRAFE FÜR JEDE ÄUSSERUNG VON UNZUFRIEDEN-HEIT, GESCHWEIGE DENN WUT. DIESE ANGST MAG UNBEWUSST BLEIBEN (WEIL IHRE URSACHEN NIE ENTDECKT UND NIE VERAR-BEITET WURDEN), ABER SIE KANN SEHR AKTIV WIRKEN, DEN MENSCHEN SEIN LEBEN LANG BEGLEITEN UND SEIN GANZES VERHAL-TEN BESTIMMEN.«
Alice Miller, www.alice-miller.com

ANGST – WOHER UND WOHIN DAMIT?

Angst wird von Unterdrückern erzeugt und oft waren diese Angsterzeuger uns sehr nahestehende Menschen. Unsere Tendenz, diese sofort in Schutz zu nehmen und zu verteidigen, ändert nichts daran, dass Angst von denen, die bedingungslosen Gehorsam fordern, als Massensteuerungsmittel benutzt wird. Das gelingt nur, weil wir schon in frühester Kindheit die Ausweglosigkeit erfahren: »Und bist du nicht willig, so brauch ich Gewalt.« Wenn das der wichtigste Mensch im Leben eines Kindes sagt oder ohne Worte ausdrückt, hat das Kind keine Chance, als sich bedingungslos unterzuordnen. Sein Leben hängt davon ab. Diese Angst im Alter anzuschauen und loszuwerden, ist ein harter Brocken. Heiner Geißler, der nicht eben im Verdacht steht, systemfeindlich zu sein, beschrieb in einem Interview, wie Abhängigkeit durch gezielte Manipulation, Obrigkeitshörigkeit und Überlegenheitsgehabe entsteht:

»Die Menschheit könnte gut ohne Angst leben. Nur die Mächtigen nicht, die brauchen sie. Auch die großen Weltreligionen leben mit und von der Angst, mit Ausnahme des Buddhismus. In den christlichen Kirchen hat man dazu durch falsche Übersetzung sogar die eigentliche Botschaft verfälscht. Zum Beispiel bei der angstmacherischen Parole: ›Tut Buße!‹ Im Urtext heißt es ›meta noeite‹. Das heißt nichts anderes als: ›Denkt um!‹ Das ist eine bewusste, theologisch begründete Falschübersetzung. Seit dieser Zeit sind Generationen von Christen auf die falsche Schiene gesetzt worden, sie laufen schuldbewusst, sündenbeladen, gesenkten Hauptes durch die Gegend, angeführt von vom Sündenwahn besessenen Theologen, die ihnen predigen, sie müssten permanent ein schlechtes Gewissen haben. So ist der Christenalltag, so sind sogar die Kirchenlieder aufgebaut: ›Aus tiefer Sündennot errette mich, o Herr.‹ Ich kann nicht akzeptieren, dass ich ständig zum Sünder gestempelt werde.«

Es gibt natürlich eine gesunde Angst, die vor Bedrohung und Gefahr für Leib und Leben schützt. Um die geht es hier nicht. Es geht um Angst, die bedroht. – Angst wächst, wenn sie nicht angeschaut wird. Angst lebt im Dunkeln, Unausgesprochenen, Verdeckten. Angst steckt in Gedanken, bleibt gern im Kopf. Ich kann meine Angst anschauen, das vertreibt sie, ich kann mit ihr umgehen. Ich besitze meine Angst, nicht umgekehrt! Diese Veränderung braucht den Antrieb, diese Angst loswerden zu wollen.

»Frieden ist nicht die Abwesenheit von Konflikten – Frieden ist einzig die Abwesenheit von Gewalt im Konfliktfall.«

Claude AnShin Thomas

»*Wenn Sie Gewalt-erfahrungen suchen, gleich ob als Opfer oder als Täter, gründen Sie am besten eine Familie.*«

Kai Bussmann,
Professor für Strafrecht

GEWALT IN BEZIEHUNGEN – HÄUSLICHE GEWALT

Gewalt in Beziehungen: Jede zehnte Frau, nach anderen Untersuchungen sogar jede vierte Frau ist betroffen von psychischer oder/und physischer Gewalt. Die Erfahrungen zeigen, dass die Männer den Frauen die Verantwortung und die Veranlassung zuschieben, wenn sie gewalttätig werden (»Das Essen war nicht fertig«, »Es war nicht aufgeräumt«).

Wenn der Mann begreift, dass er selbst die ausschließliche Verantwortung hat für sein Handeln und es keine Rechtfertigung gibt für Gewalt, ist das der erste Schritt für Veränderung. Wenige Männer erkennen, dass sie Hilfe brauchen. Betroffene Männer: »Ich habe mich in die Enge gedrängt gefühlt, dann habe ich zugeschlagen. Dann war ich entsetzt über meine Tat und wie ohnmächtig über das, was ich tat.« »Ich hatte etwas getan, was ich für mich ausgeschlossen hatte, was es nur bei anderen Leuten gibt.«

Wenn der Mann keine Möglichkeit hat, sich in seinem Umfeld auszudrücken, ist er hochgefährlich für die Frau, zum Beispiel in der Trennungsphase.

Warum schweigen so viele Opfer und decken den Partner? Ist es die Angst vor einer Trennung, Angst, alleine zu sein? Will ich mir das Scheitern meiner Beziehung nicht eingestehen? Ist es meine wirtschaftliche oder meine emotionale Abhängigkeit? Ist es die Wiederholung der Vergangenheit, die ich in meiner Kindheit erlebte? Warum ist es so schwer auszubrechen? Warum decke ich den, der mir wehtut?

Wir müssen raus aus der Tabuzone. Gewalt geschieht. Erst langsam wird das tatsächliche Ausmaß von Gewalt in Beziehungen deutlich. Das Männerbild bezieht bis zum heutigen Tag die Idee mit ein, über Dinge und Menschen zu herrschen. Dieses tief verwurzelte Denken braucht Zeit, um verändert zu werden, deshalb fangen wir sofort damit an!

Es gibt keine Rechtfertigung für Gewalt. Wer schlägt, muss gehen!

WAS ICH TUN KANN

Das sogenannte »Duluth-Modell« dient der Unterbindung häuslicher Gewalt. Es ist benannt nach einer Studie in Duluth/Minnesota, USA, die sich mit Gewalt in Beziehungen auseinandersetzte. Die Gegenüberstellung der beiden Duluth-Modelle zeigt, wohin sich die Zustandsbeschreibung mancher Paar-Beziehung verändern kann: zur Gleichwürdigkeit der Partner. Die beiden Kreise »Macht und Kontrolle« und »Gleichwertigkeit und Gewaltlosigkeit« lassen sich auf der Seite www.chancen-verlieben-sich.de und www.paareimwandel.de als PDF zum Ausdrucken herunterladen.

Siehe dazu die Darstellung auf der folgenden Doppelseite.

Vielleicht erschrecken Sie die Beispiele, weil sie etwas mit Ihrem Erleben zu tun haben. Tasten Sie sich langsam heran. Wenn Sie Unterstützung brauchen, nehmen Sie Beratung bei einem Therapeuten Ihrer Wahl in Anspruch.

Informationen über das Domestic Abuse Intervention Project: www.duluth-model.org

Wir können ein Bewusstsein schaffen, dass für viele die Beziehung, die Familie eben nicht der sicherste Ort ist auf Erden! Wir können Öffentlichkeit schaffen, indem über solche Gewaltfallen in der Beziehung gesprochen wird. Wir können ansprechen, dass Gewalt in allen Gesellschaftsschichten stattfindet, unabhängig von Bildung und Status. Es hilft uns anzuerkennen, dass Gewalttätigkeit in jedem von uns steckt und dass es nur eine Frage der Umstände ist, bis sie bei jedem von uns ausbricht! (Siehe etwa die Milgram- und Zimbardo-Experimente, die eine erschreckend große Bereitschaft zeigen, anderen aus Gehorsam etwas anzutun.)

Dieses Gefühl will ich gerne ändern:

_____

Was ich mir von dir wünsche:

_____

Das schätze ich an dir besonders:

_____

Das will ich:

_____

Das will ich nicht mehr:

_____

physische, sexuelle GEWALT

Anwendung von Nötigung und Drohungen

Er droht/schreit, um sie zu verletzen • Er droht, sie zu verlassen, sich umzubringen • Er zwingt sie, Vorwürfe zurückzunehmen, oder zu kriminellen Handlungen.

Wirtschaftliche Abhängigkeit

Er hält sie davon ab, einen Job anzunehmen oder zu behalten • Er lässt sie um Geld bitten • Gibt ihr Haushaltsgeld • Nimmt ihr Geld • Hält sie über das Familieneinkommen im Unklaren.

Einschüchterndes Verhalten

Der Mann ängstigt die Frau mit Blicken, Handlungen, Gesten • Er zerschlägt Dinge, zerstört ihr Eigentum, schlägt Haustiere, droht mit Waffen.

Ausnutzen von Männerprivilegien

Der Mann behandelt die Frau wie eine Magd • Er behält sich alle wichtigen Entscheidungen vor • Spielt sich als Herrscher auf • Maßt sich an, die Rolle des Mannes und der Frau zu bestimmen.

MACHT UND KONTROLLE

Emotionaler Missbrauch

Der Mann macht sie fertig, indem er ihr einredet, sie sei schlecht, sie mit Schimpfnamen belegt, sie als verrückt hinstellt, Psychospiele treibt, sie demütigt, ihr Schuldgefühle macht.

Kinder werden missbraucht

Er verursacht ihr Schuldgefühle wegen der Kinder • Benutzt die Kinder als Boten • Benutzt Besuche, um sie zu belästigen • Droht, ihr die Kinder wegzunehmen.

Verniedlichen, verleugnen, beschuldigen

Er verharmlost Missbrauch • Nimmt ihre Belange nicht ernst • Behauptet, der Missbrauch fand nicht statt • Wälzt die Verantwortung dafür ab • Sagt, sie sei selbst schuld.

Isolation

Er kontrolliert, was sie tut, wen sie trifft, mit wem sie spricht, was sie liest, wohin sie geht • Er beschränkt ihren Kontakt zur Außenwelt • Er rechtfertigt seine Handlungen mit Eifersucht.

GEWALTLOSIGKEIT

Verhandeln und Fairness

Gemeinsame Suche nach zufriedenstellenden Lösungen im Konfliktfall • Akzeptieren von Veränderungen • Kompromissbereitschaft.

Wirtschaftliche Partnerschaft

Geldentscheidungen werden zusammen getroffen • Sicherstellen, dass beide Partner von den finanziellen Entscheidungen profitieren.

Verhalten ohne zu drohen

Der Mann spricht und handelt so, dass die Frau sich wohl fühlen, sich selbst ausdrücken und selbst handeln kann.

Gemeinsame Verantwortung

Die Arbeit wird fair und im gegenseitigen Einvernehmen verteilt • Entscheidungen, die die Familie angehen, werden gemeinsam getroffen.

GLEICH-WERTIGKEIT

Respekt

Er hört ihr zu, ohne gleich zu (ver-)urteilen • Er bestärkt sie und ist verständnisvoll • Er achtet ihre Meinung.

Vertrauensvolle Elternschaft

Der Mann beteiligt sich an den elterlichen Pflichten • Er ist seinen Kindern ein gutes Leitbild für Gewaltfreiheit.

Ehrlichkeit und Verantwortung

Der Mann übernimmt die Verantwortung für sein Tun • Er bekennt sich zur früheren Anwendung von Gewalt • Er gibt zu, Fehler zu machen • Er spricht offen und wahrheitsgetreu.

Glaubwürdigkeit und Unterstützung

Der Mann unterstützt die Ziele der Frau im Leben • Er achtet ihr Recht auf eigene Gefühle, FreundInnen, Aktivitäten und Meinungen.

VON DER SCHONKULTUR ZUR STREITKULTUR

Seit wann hast du aufgehört, dich und mich zu lieben?

Scheinbar kleine Meinungsunterschiede haben es in sich. »Das hat mir gerade noch gefehlt! Soll ich ihr das jetzt sagen und eine endlose Diskussion lostreten? Lieber runterschlucken und auf Harmonie machen? Oder ist es nötig, hier zu klären, was ich will und was sie will?«

Reden Sie genau darüber: »Ich bin mir nicht sicher, ob es wichtig ist oder nicht. Aber ich mag nicht, wenn ...« So beginnt Dialog und Beziehung gelingt. Damit geben Sie dem Beziehungskiller »Schonen« keine Chance. Wer den Partner schont, um dem Konflikt auszuweichen, macht das Licht in der Beziehung aus! Die Einstellung »Ist mir doch egal, diesen Streit ist es mir nicht mehr wert«

Wer den Partner schont, um dem Konflikt auszuweichen, macht das Licht in der Beziehung aus!

hält keine Partnerschaft lange aus. Fehler zu machen hat auch mit dem Mut zu tun, etwas Neues zu wagen und nicht im abgestandenen Sud des »So war es immer« zu rühren. Oder ist es schon vorbei?

Für viele Paare ist Streit das, was es am dringendsten zu vermeiden gilt. Sie sehen das Fundament ihrer Beziehung dadurch gefährdet. Und manchmal stimmt das auch, allerdings ist das Fundament dann vorher schon so brüchig geworden, dass dieser Streit es vollends ruinieren würde. Dabei ist die Einführung einer Streitkultur in der Partnerschaft – also zu lernen, konstruktiv mit Meinungs-

verschiedenheiten umzugehen – *die* Stärkung des Beziehungsfundaments. Wenn wir diese Klippe gemeistert haben, brauchen wir vor keinem Streit mehr davonzulaufen.

Paare streiten sich oft über Eigenschaften, die sie am Anfang anziehend fanden. »Ich möchte von dir umsorgt werden, das habe ich als Kind nie erlebt« war vielleicht am Beginn der Beziehung der Magnetismus für beide – heute hat es sich gewandelt in: »Ich will mich nicht mehr wie ein Kind behandeln lassen«. Mit diesen veränderten Spielregeln umzugehen gelingt manchmal, manchmal nicht.

Wie stehen wir zu Konflikten? So genannte »Curlingpaare« versuchen fortwährend Harmonie herzustellen. Einer oder beide fühlen sich furchtbar, wenn gestritten wird. Es sind nur sanfteste Berührungen zugelassen, wie beim Curlingsport, bei dem der gegnerische Stein nur ganz leicht touchiert wird. Andere haben eine Nörgelkultur entwickelt: Einer nörgelt, der andere nörgelt zurück oder geht in die Verachtung des Partners.

Wie gelingt es uns gemeinsam, eine fruchtbare Streitkultur zu etablieren? Zuerst, indem wir erkennen, dass wir weder mit Harmoniesucht noch mit Schlägen unter die Gürtellinie Erfolg haben, wenn es unser Ziel ist, unsere Partnerschaft zu stärken. Wenn mir das klar wird, könnte die nächste Frage sein: Und was mache ich stattdessen? Dann ist es an der Zeit, mit dem Partner zu sprechen und zu sagen, *was ich nicht mehr will* und *was ich will.* Es geht darum, die Gefühle Ärger, Irritation und Ablehnung in Worte zu verwandeln, die sich *auf die Sache* beziehen. Dann kann langsam deutlich werden, ob es noch um etwas anderes geht, was uns selbst oft nicht bewusst ist. Häufig haben Paare etwas Wichtiges verloren, ohne es bemerkt zu haben. Meist wird dann über Äußerliches gestritten, wo es doch um Inneres geht.

Untersuchungen belegen, dass 70 bis 80 Prozent der jungen Menschen nicht über die Dinge reden, die ihnen wirklich wichtig sind! Ich habe erlebt, dass es möglich ist, das zu ändern. Wie finde ich mein Interesse wieder? Ein Weg kann sein, mir darüber klar zu werden, was mir in meinem Leben wichtig ist. Wofür ich brenne. Was ich ändern will.

Scheitern ist, wenn in einer Ehe einer kaputt geht und alle so tun, als ob das normal wäre.

KÜMMERN SIE SICH UM IHRE BEZIEHUNG:

... wenn Ihnen Ihre Partnerschaft so vorkommt, als wäre die Liebe gegangen, als gäbe es keine Hoffnung mehr für Sie beide.

... wenn Ihre Emotionen Sie so sehr im Griff haben, dass es Sie zu zerreißen droht. Wenn Sie glauben, es nicht mehr aushalten zu können, weil der Partner Ihnen ... angetan hat.

... wenn Ihre Beziehung in eine »Formkrise« geraten ist, die vielleicht schon seit Jahren schwelt, aber jetzt unumgänglich ist.

... wenn Sie meinen, den anderen nicht mehr zu verstehen und selbst nicht mehr verstanden zu werden.

... wenn Sie glauben, dass nur noch eine Trennung helfen kann. Könnte eine Trennung in Liebe für Sie und Ihren Partner ein Weg sein?

... wenn Sie sich nicht ganz im Klaren sind, wie es weitergehen soll. Wenn Sie sich uneinig sind über den Zustand und die Zukunft Ihrer Beziehung.

... wenn Ihre Ehe oder Beziehung ganz anders wurde, als Sie sich das erträumt haben. Berater und Therapeuten können eine aktive Begleitung anbieten, die Ihre gemeinsamen Perspektiven stärken.

Was wirklich zählt, ist in Sekunden gesagt, länger dauert es, danach zu leben.

GABRIELLAS LIED AUS DEM FILM »WIE IM HIMMEL«

JETZT GEHÖRT MEIN LEBEN MIR
MEINE ZEIT AUF ERDEN IST SO KURZ
MEINE SEHNSUCHT BRINGT MICH HIERHER
WAS MIR FEHLTE UND WAS ICH BEKAM (...)

ICH BIN HIER
UND MEIN LEBEN GEHÖRT NUR MIR
UND DER HIMMEL, DEN ICH SUCHTE,
DEN FINDE ICH IRGENDWO

ICH WILL SPÜREN
DASS ICH MEIN LEBEN GELEBT HABE.

Auszug aus Gabriellas Lied von Py Bäckman aus dem Film
Wie im Himmel, Buch und Regie Kay Pollak
mit freundlicher Genehmigung von Prokino Filmverleih GmbH.

VORWURF UND RECHTFERTIGUNG

Hinter Vorwürfen stehen enttäuschte Hoffnungen, die jedoch hartnäckig aufrechterhalten werden – statt sie sinnvollerweise an die Wirklichkeit anzupassen. Vorwürfe bringen eine moralische Wertung ins Spiel, hinter der die Idee steht: »Du hättest ja können, wenn du nur wollen würdest.« Beginnt der Partner sich jetzt zu rechtfertigen, stimmt er diesem Vorwurf implizit zu. Der Vorwurf definiert sozusagen, wie der andere sein soll oder zu sein hat.

Paare entfalten viel Energie beim entzweienden Streit. Statt auf das Gemeinsame schauen sie auf das Trennende. Das geht nicht lange gut. Deshalb fragen Sie sich selbst: Ist es mir wichtig, den Grund zu kennen und damit Schuld zuweisen zu können? Oder ist es mir wichtiger zu wissen, wie wir beide aus der Patsche kommen? Wenn Sie nach Schuldigen und Gründen suchen, schauen Sie immer zurück. Die Lösung Ihres Problems liegt jedoch in diesem Moment. Sie müssen die Ursachen der Schwierigkeiten nicht kennen, um sie zu lösen. Sie müssen sich nur entscheiden, statt nach Vorwürfen nach Lösungen zu suchen.

Wir versuchen die Veränderungen, die von außen auf uns zukommen, solange wie möglich zu vermeiden. Krise bedeutet Veränderung. Veränderung ist ein Kraftakt. Mein Kraftakt. Der Sinn von Krisen besteht darin, den Weg zu finden, auf dem es weitergeht.

Bei einem Paar ging es um die Frage: Sollen wir uns trennen? Wie sollen wir weitermachen? Die Frau hatte sich zurückgezogen, weil ihr Partner sich öfter mit einer Geschäftskollegin getroffen hatte. Sie glaubte ihm zwar, dass die beiden keine Sexualität lebten, warf ihm aber dennoch vor, durch sein Verhalten alles aufs Spiel zu setzen. Er nahm die Schuld auf sich, hielt ihr aber seinerseits vor, die Angelegenheit zu dramatisieren, wo doch gar nichts ge-

> »Heilung ist nicht die Abwesenheit von Schmerz und Leiden – Heilung bedeutet, mit dem Schmerz und dem Leiden leben zu lernen.«
>
> Claude AnShin Thomas

»*Wenn ich mit Schuldgefühlen rumlaufe, bin ich nicht in der Lage, mich selbst zu lieben. Und niemanden anders. Man sollte kein Haus betreten, in dem einem erzählt wird, man sei schlecht. Man sollte in ein Haus gehen, in dem einem gesagt wird: Du bist wunderbar!*«

Kay Pollak, Regisseur von
Wie im Himmel

schehen sei. Ich fragte beide, ob ihre Beziehung vorbei wäre. Beide reagierten erschrocken. »So schlimm ist es ja noch nicht«, sagte die Frau. Das war das entscheidende Signal für den Mann. Er begann davon zu sprechen, was er sich von seiner Frau wünscht, und erzählte davon, was er ihr gerne geben will. Das war für beide wie eine Wende. Beide entschieden sich, weniger im Vorwurf-Rechtfertigungsschema zu denken. Damit kam ihr Gemeinsames mehr in Fluss und sie hatten eine neue Umgehensweise mit Konflikten hinzugewonnen.

WAS ICH TUN KANN

Klären Sie für sich die Fragen:

Interessieren Sie sich noch für diese Beziehung oder ist es schon vorbei?

Was ist Ihnen wichtiger? Wer Schuld am Problem hat oder wie Sie das Problem lösen?

Stärken Sie das Positive in der Beziehung, sagen Sie Ihrem Partner, was Sie wollen und was nicht.

Klären Sie für sich, was Ihnen wichtig ist, und sagen Sie es Ihrem Partner.

Trennen Sie dabei Verhalten und Person, indem Sie z.B. sagen: »Ich mag dich – aber dieses Verhalten mag ich überhaupt nicht!« Damit lehnen Sie nicht den Menschen als solchen ab, sondern äußern, dass Ihnen dieses und jenes Verhalten von ihm/ihr nicht passt. Bleiben Sie sachlich, kann Ihr Gegenüber auch sachlich reagieren.

Sie besitzen Ihre Gefühle, so ist das auch mit Ihrem Ärger. Ärger ist wichtig – er zeigt uns, dass etwas nicht in Ordnung ist. Aber kontrollieren Sie Ihren Ärger, sonst kontrolliert er Sie! Würden Sie so mit einem wichtigen Kunden, Chef, Freund reden, wie Sie es vielleicht manchmal mit Ihrem Partner tun?

Unterbrechen Sie die Streitsituation, nehmen Sie eine Auszeit! Nicht, um das Thema unter den Teppich zu kehren, sondern um wieder auf den Teppich zu kommen. Wo befinden Sie sich auf Ihrer persönlichen Wutskala von 0 bis 10? Wenn Sie ein Video von sich sehen würden, wie fänden Sie sich?

Sprechen Sie von sich selbst und nicht über den anderen!

Holen Sie sich Rat und Beratung. Allein die Klarheit: »Ich habe ein Problem, ich brauche Rat« ist schon die halbe Miete, wie jeder Berater weiß. Solange Sie der Meinung sind, dass die Schwierigkeiten noch klein genug sind oder gar nicht bestehen, machen Sie so weiter wie bisher. Jede Veränderung braucht eine Not. Solange diese Not für Sie nicht da ist, wird sich nichts ändern.

Respektlosigkeiten, wie verbale Schläge unter die Gürtellinie, sind verboten.

EINE UNVERWÜSTLICHE BEZIEHUNG

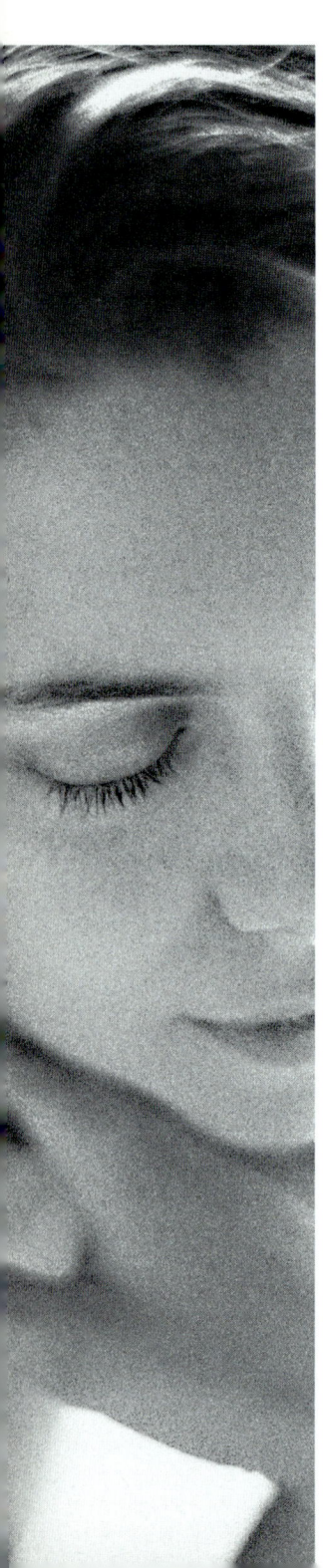

Sich verlieben bedeutet Bindung schaffen. In der darauffolgenden Liebe geht es darum, diese Bindung zu erhalten. Je länger ein Paar zusammen ist, umso stärker wird diese Bindung für gewöhnlich. Bindung hat nichts mit Gewohnheit zu tun, eher mit Vertrautheit und Vertrauen. Bindung basiert dabei auf unserem Wunsch nach Nähe, Geborgenheit und Rückhalt – damit lassen sich Verunsicherung und Zurückweisung besser ertragen. Aufgrund von Erfahrungen in Kindheit und Jugend hat jeder von uns ein »Beziehungskonzept« entwickelt, wie er/sie mit engen Beziehungen umgeht. Dieses Konzept bestimmt wesentlich, welche Partner wir wählen, welche Erwartungen wir an Partner und Beziehung haben und wie wir selbst in der Lage sind, unsere Beziehung zu gestalten.

Was macht eine Partnerschaft unverwüstlich und damit dauerhaft? Wer immer dieses Buch liest, hat ebenso wie ich als Autor Beziehungen erlebt, die nicht von Dauer waren. Was ist da passiert? Ist es damit getan zu sagen: »So ist es eben«? Oder ist es hilfreich, sich einen Überblick zu verschaffen? Was wissen wir über langfristige Liebesbeziehungen? Wie kann es sein, dass die eine Beziehung gelingt, obwohl das Paar vielleicht eine viel schwierigere Ausgangssituation vorfindet als das andere?

WUNSCH NACH NÄHE ODER WUNSCH NACH DISTANZ?

Der Münchner Psychologe Dr. Karl-Heinz Brisch beschreibt als eine entscheidende These der Bindungsforschung, dass eine sichere Bindung des Kleinkindes an seine Mutter (oder an eine andere wichtige Bezugsperson) die Wahrscheinlichkeit für psychische Erkrankungen in der späteren Entwicklung senkt. Nur eine sichere Bindung ermöglicht Neugier und das offene Zugehen auf andere, sodass wir später neue dauerhafte Beziehungen eingehen können. Bindung stellt einen Überlebensmechanismus dar, der zunächst das sichere Aufwachsen des Kindes gewährleistet und später den Zusammenhalt eines Paares herstellt.

*Statt der früheren Leidenschaft liebevolle Zuneigung
zu empfinden ist kein Alarmzeichen
schwindender Liebe, sondern eine hilfreiche Folge
von Langzeitbeziehungen.*

Ein wesentlicher Schutzfaktor für eine gesicherte Beziehungszukunft ist daher wenigstens *eine* verlässliche und vertrauensvolle Bezugsperson in der frühen Kindheit. Dabei spielt es keine Rolle, ob diese Bezugsperson die Mutter, der Vater, ein Onkel oder eine Tante, die Großmutter, eine Nachbarin oder eine Kindergärtnerin ist, auf die sich das Kind verlassen kann. Von diesem Menschen zu erfahren, dass ich willkommen bin, gewollt bin, schafft Urvertrauen. Das Kind lernt dabei ganz früh: Es gibt schwierige Situationen, aber irgendwie sind sie zu bewältigen! Was Menschen tun können, die solche Erfahrungen nicht genügend machen durften, darum geht es in den nächsten Abschnitten dieses Kapitels.

Freud nahm noch an, dass die frühkindliche Prägung das gesamte weitere Leben schicksalhaft überschattet. Dagegen hat der englische Bindungsforscher John Bowlby herausgefunden, dass von einer lebenslangen Entwicklung auszugehen ist. Diese Erkenntnis bestätigt die Hirnforschung heute. Es werden zwar früh schon Weichen im Leben gestellt, das bedeutet aber nicht, dass wir uns nicht neu orientieren können!

Die Erfahrungen, die wir als Babys und Kleinkinder mit der Zuwendung unserer Eltern gemacht haben, prägen oft unser Verhalten in späteren Partnerschaften. Wenn die Bindung an die Mutter oder eine andere wichtige Bezugsperson nicht »sicher« war (das heißt, wenn das Kind sich nicht darauf verlassen konnte, dass die Mutter es umsorgte), gibt es zwei typische Reaktionen: Das Kind wird »bindungsvermeidend« oder »bindungsängstlich«. Typischerweise laufen die erwachsen gewordenen »Bindungsvermeidenden« vor großer Nähe zu einem Partner davon, während die »Bindungsängstlichen« ständig fürchten, der geliebte Mensch könnte sie verlassen oder betrügen, weshalb sie so anhänglich sind, dass es dem Partner zu eng wird und er sich diesem Zugriff entzieht.

WAS ICH TUN KANN

Die folgenden Beschreibungen und Aussagen ermöglichen Ihnen eine Einschätzung, wie Sie Beziehung vielleicht erleben. Indem Sie sich darüber ein Bild verschaffen, und Ihr Partner das möglicherweise auch tut, können Sie die Anteile verändern, die Sie als eher belastend empfinden. Ich möchte Sie dazu ermuntern, Ihre Verhaltensweisen anzuschauen und zu hinterfragen.

Welche Aussage trifft für Sie eher zu?

a) Ich mag es, meinem Partner nahe zu sein, und ich mache mir wenig Gedanken darüber, verlassen zu werden.

b) Ich mag zu große Nähe nicht. Mein Partner möchte oft mehr Nähe, als mir lieb ist.

c) Ich möchte gern mehr Nähe als mein Partner, aber das ist oft zu viel für ihn oder sie.

Forschungen zeigen, dass sich etwa die Hälfte der Befragten mit der ersten Aussage identifizieren können, etwa je ein Viertel mit den Aussagen b) oder c). Die drei Aussagen beschreiben verschiedene Bindungsgewohnheiten, wobei a) als sicherer Bindungsstil, b) als vermeidender und c) als ambivalenter Bindungsstil bezeichnet werden. Wenn Sie sich eher bei Antwort b) oder c) wiederfinden, könnte es sinnvoll sein, frühe Bindungserfahrungen noch genauer anzuschauen. Eine gute Möglichkeit dazu ist das sogenannte AA-Interview (Adult Attachment-Interview), das eine Beurteilung der Bindungserfahrungen für die persönliche Entwicklung ermöglicht. Die Fragen des Interviews finden Sie im Internet, sie lauten z.B.: »Bitte versuchen Sie einmal, Ihre Beziehung zu Ihren Eltern zu beschreiben, als Sie ein kleines Kind waren. Beginnen Sie mit Ihren frühesten Erinnerungen« oder »Wenn Sie als Kind irgendwie durcheinander oder beunruhigt waren oder sich nicht wohl gefühlt haben, was haben Sie dann getan?« Eine Auswertung der Antworten sollte mit Experten besprochen werden.

Möglicherweise denken Sie jetzt: »Ach, das ist doch alles längst vorbei!« oder »Es ist doch Schwachsinn, immer alles im Leben auf die Eltern zu schieben!« Es ist verständlich, dass wir uns gerne als autonome Erwachsene sehen wollen, die in jeder Situation vernünftig und unbeeinflusst von früheren Erfahrungen handeln. Die heutige Gehirnforschung belegt ja auch eindrücklich, dass Prägungen aus den ersten Lebensjahren durchaus veränderbar sind. Doch verändern lässt sich nur das, was uns auch bewusst ist. Wegschauen hilft nichts. Trotz der Weichen, die früh in der Kindheit durch die Beziehung zu den wichtigsten Menschen in unserem Leben gestellt werden, können wir uns neu orientieren. Doch nur, wenn wir erkennen, wo wir stehen, haben wir die Möglichkeit, von hier aus einen anderen Weg einzuschlagen.

DIE MYSTIFIZIERTE EHE

Eine unverwüstliche Beziehung ist nicht zu verwechseln mit einer mystifizierten Vorstellung der perfekten Ehe. Haben die folgenden, von verschiedenen Mythen gespickten Aussagen bei Ihnen einen geheimen Platz? Wenn ja, überprüfen Sie mal den einen oder anderen Glaubenssatz auf seinen tatsächlichen Wahrheitsgehalt.

- »Ich kann dich glücklich machen.«
- »Ohne dich kann ich nicht leben.«
- »Partner sind immer zusammen und suchen immer die Nähe des anderen.«
- »Liebevolle Partner streiten nicht und haben keine sexuellen Probleme.«
- »Ich kann dich verändern, so wie ich es für richtig halte.«
- »Wir haben Kinder, deshalb bleiben wir zusammen.«

Wenn Sie einen dieser Sätze für wahr halten, dann opfern Sie lieber diesen Mythos als Ihre Ehe oder Ihre Lebensfreude! Wenn Sie unbedingt daran festhalten, kann das zum Ende Ihrer Beziehung führen, sobald sich ein Partner weiterentwickelt. Wer nicht an diese Sätze glaubt oder meint, sie nicht erfüllen zu können, hat eine ganz normale Beziehung und gute Chancen, gemeinsam eine Lösung zu finden!

WAS IST EIN ERWACHSENER?

Erwachsen werden dauert meiner Meinung nach ein Leben lang. Eine Person könnte als erwachsen beschrieben werden, wenn sie über ein hohes Maß an Selbstvertrauen und Selbstwert verfügt, objektiv zuhören und ihren Gefühlen angemessen Ausdruck verleihen kann, fähig ist, Dankbarkeit und Anerkennung auszudrücken, zwischen Wichtigem und Unwichtigem unterscheiden kann, weiß, dass sie Autorität besitzt und Ja und Nein zu sich und anderen sagen kann. Ein erwachsener Mensch stellt sein Licht nicht unter den Scheffel, kann Kritik ertragen und Kritik üben, kann immer wieder über den Sinn seines Lebens nachdenken, stellt den Status quo immer wieder in Frage, hat keine Angst, Fehler zu machen, und toleriert Fehler auch bei anderen.

Was für ein Katalog von Erwünschtem! Und wie unfähig komme ich mir selbst immer wieder vor, wenn ich im Alltag daran scheitere. Dann hilft mir, zu dem zu stehen, was ich gerade kann und was ich noch nicht kann. Und zu wissen, dass ich nicht perfekt sein muss, sondern auf meinem Weg bin. Dazu geben mir die oben genannten Ziele eine Orientierung, eine Himmelsrichtung. Zu wissen, wohin ich gehe, ist eines, es immer zu erreichen, ist etwas anderes.

Wir wollen uns nicht mehr starren Konzepten oder Methoden unterwerfen, die uns vorschreiben, wie wir zu sein haben. Die derzeitige Neuorientierung und Hinterfragung traditioneller Werte wird von manchen als Unsicherheit dargestellt. Dabei ist es ein Zustand des Ausprobierens, welche Werte tragen. Wir brauchen Orientierung. Aber nicht mehr eine verordnete, vorgedachte, sondern eine Orientierung, die wir uns selbst erarbeiten.

»Über die Idee des Erwachsenseins herrscht Verwirrung«, schreibt Robert Bly in *Die kindliche Gesellschaft*. Wir wissen heute nicht mehr, was ein Erwachsener ist, weil es nicht mehr genug wirklich Erwachsene gibt, die es uns zeigen könnten. Die Generationen vor uns – unsere Eltern und Großeltern – sind dazu kaum mehr in der Lage, denn das, was sie für Erwachsensein hielten und noch halten, ist für uns oft nicht mehr gültig. Wir müssen heute auf eine ganz neue Art erwachsen sein. Wir wollen keine destruktiven Partnerschaften mehr. Früher hatten wir das Bild, dass die Ehepartner um jeden Preis zusammenhalten müssen, heute steht eher die individuelle Entwicklung im Vordergrund. Dabei schließt das eine das andere nicht aus.

»Zu Opfern werden wir vor allem durch Theorien.«
James Hillman

Wir können keine liebevollen Beziehungen schaffen, wenn wir ständig den Weg des geringsten Widerstands gehen und dauernd andere um Rat fragen müssen, wenn es schwierig wird. Viele leben von einem Streit zum nächsten und erhoffen sich von Beratern, Ratgebern oder Therapeuten Detaillösungen für den Einzelfall. Eine Detaillösung kann immer gefunden werden, aber schon bei der nächsten Auseinandersetzung fehlt dann der Überblick, um mit einer neuen Situation umzugehen. Ziel kann daher nicht sein, das Leben mit Methoden oder Konzepten in den Griff zu bekommen. Es geht darum, sich selbst als Teil des Ganzen zu erleben und zu erkennen, dass wir durch die eigene Veränderung das Ganze verändern können. Erst wenn wir bereit sind, übergeordnete Werte zu akzeptieren, gelingt uns die Lösung im Detail. Was sind übergeordnete Werte? Früher wurden uns diese Prinzipien durch den gesellschaftlichen Wertekonsens vorgegeben. Da wir jedoch mit vielen dieser Prinzipien gebrochen haben, ist es heute an uns, dieses Wertefundament zu erneuern. Alle Erfahrung zeigt, dass wir besser leben, wenn Werte unser Tun bestimmen.

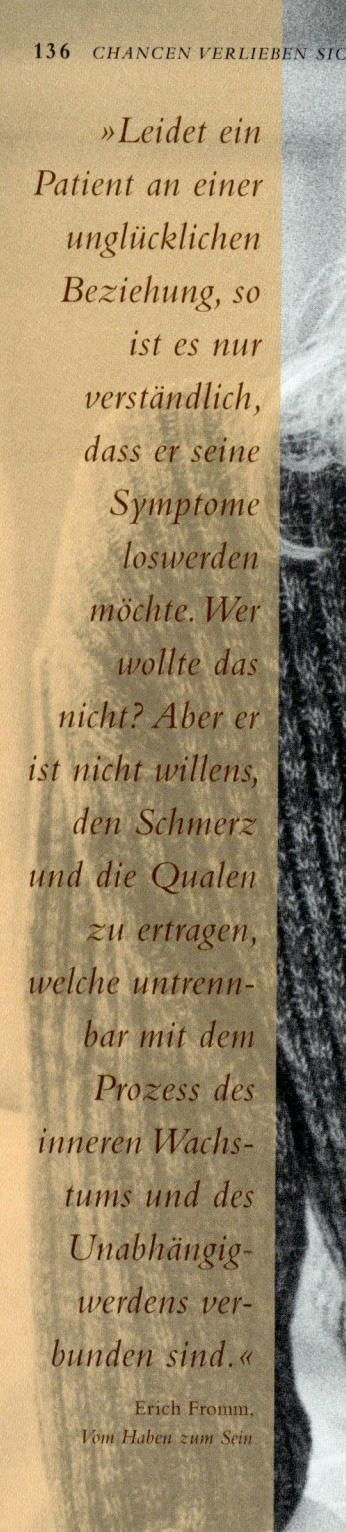

»Leidet ein Patient an einer unglücklichen Beziehung, so ist es nur verständlich, dass er seine Symptome loswerden möchte. Wer wollte das nicht? Aber er ist nicht willens, den Schmerz und die Qualen zu ertragen, welche untrennbar mit dem Prozess des inneren Wachstums und des Unabhängigwerdens verbunden sind.«

Erich Fromm,
Vom Haben zum Sein

LEIDEN IST LEICHTER ALS HANDELN

Leidende fühlen sich unschuldig, wenn sie leiden. Ein Beispiel: Eine Frau wird von ihrem Mann verlassen. Seine Freundin und er heiraten später. Die Frau entwickelt Angstzustände und eine Depression. Der Berater fragt sie, wie es ihrem Exmann und dessen neuer Partnerin gehen würde, wenn sie wieder gesund wäre. Daraufhin sagt sie: »Wenn mein Ex erfahren würde, dass ich mich erholt habe, könnte er es sich mit ihr so richtig gut gehen lassen! Nein, das will ich nicht!« – Sie vermeidet, eigenverantwortlich zu leben. Solange man »gute Gründe« hat, die eigenen Schwierigkeiten anderen anzulasten, lebt man nicht auf eigene Rechnung, sondern auf Kosten und Verantwortung von anderen.

Ein anderes Beispiel: Eine Frau hatte eine Außenbeziehung. Als diese offensichtlich wurde, trennte sie sich von ihrem Mann, worauf dieser ihr vorwarf, sie hätte sein Leben zerstört. Diesen Vorwurf nahm sie an, beide glaubten daran. Während der zweijährigen Trennungszeit und auch in den darauffolgenden Jahren zeigte der Exmann sich leidend, auch bei Freunden, denen er sich als »Armer«, mit traurigem Blick, präsentierte. Er ließ den Kopf hängen, schien keine Freude mehr am Leben zu haben und wurde arbeitslos. Dieses Verhalten wurde verstärkt, weil sie mitspielte und sich schuldig fühlte an seinem Leid. Als sie diese Schuld Jahre später zurückwies, ging es ihr besser. Auch er begann daraufhin, sein Leben in die Hand zu nehmen, und verliebte sich neu.

CHANCEN ALS SCHÄTZE HEBEN

Die Chancen, die wir mit unserer Partnerschaft haben, wollen als Schätze gehoben werden. Zuerst die gute Nachricht: Sie sind nicht allein, alle Paare bekommen Probleme miteinander. Und jetzt die noch bessere: »Probleme in der Paarbeziehung sind häufiger ein Zeichen dafür, dass die Beziehung in Ordnung ist, und seltener ein Hinweis darauf, dass etwas nicht stimmt. Viele Streitigkeiten, Konfrontationen und Weigerungen, Kompromisse einzugehen, sind auf die gesunden Prozesse der Differenzierung zurückzuführen.« Das schreibt der erfahrene amerikanische Paartherapeut David Schnarch.

Mir tut diese undramatische Umgangsweise mit Konflikten und Problemen in Partnerschaften gut, da ich gemerkt habe, dass weder die Verdrängung der Schwierigkeiten noch das ständige Herumnörgeln oder Dramatisieren eine Lösung bringt. Ein Lösungsweg ist: sich dem Partner so zuzumuten, wie man ist, ohne sich von dessen Urteil und Bestätigung abhängig zu machen. Dazu gehört ein gesunder Selbst-

wert. Wenn Sie so wollen, geht es in diesem Buch fortwährend darum, den eigenen Selbstwert zu erkennen, zu stärken, zu fördern, ohne dabei den Partner zu schädigen – ihm aber sehr wohl zuzumuten, dass ich so bin, wie ich bin. Und darum, dass wir bereit sein müssen, dazuzulernen.

SELBSTVERTRAUEN UND SELBSTWERT

Gerne möchte ich zuerst Selbstvertrauen und Selbstwert unterscheiden. Mit Selbstvertrauen ist gemeint: *»Was kann ich?«* Mit Selbstwert ist gemeint: *»Wer bin ich?«* Selbstvertrauen habe ich in meine Fähigkeiten. Zum Beispiel: Ich kann sicher Fahrrad fahren, ich fahre seit Jahren unfallfrei Auto ... Das gibt mir Sicherheit, bedeutet aber nicht, dass ich Vertrauen in mich als Mensch habe.

Mein Selbstvertrauen kann ich durch Training, Übung und Coaching fördern. Hilfreiche, sachliche Rückmeldungen werden mich unterstützen und mir gut tun. Ich werde durch Wiederholung immer geübter.

Der Selbstwert hat nichts damit zu tun, welche tollen Fähigkeiten ich habe, wie gut ich dies und das kann. Der Selbstwert hat damit zu tun, wer ich bin. Das ist die existentielle Ebene. Die Grundfrage lautet: Kann ich mich selbst tragen und annehmen, so, wie ich bin? Wie gut kenne ich mich? Und wie fühle ich mich mit dem, was ich über mich weiß?

Mit einem gesunden Selbstwert kann ich nüchtern feststellen: O.k., ich spiele seit zehn Jahren Tennis, und es ist zu wenig, um in die Vereinsmannschaft zu kommen. Mit einem niedrigen Selbstwert interpretiere ich diese Erkenntnis als: »Ich habe versagt! Was ich anfasse, wird nichts. Alle anderen sind erfolgreicher als ich« und so weiter.

Ein geringer Selbstwert ist also nicht dadurch zu reparieren, dass wir unser Selbstvertrauen stärken. Selbstvertrauen hat mit Leistung zu tun,

»Ich werde keine illusorischen Erwartungen mehr haben, dass irgendetwas oder irgendjemand mich in der Zukunft retten oder glücklich machen wird.«

Eckhart Tolle, *Jetzt*

die ich verbessern kann. Selbstwert hat mit meinem Grundwertverständnis als Mensch und wie damit bisher umgegangen wurde zu tun. Unser Selbstwertgefühl entscheidet sehr über die Qualität unseres Lebens und unserer Paarbeziehungen. Menschen mit niedrigem Selbstwertgefühl haben Schwierigkeiten, ihre echte, stimmige Größe zu finden: Entweder machen sie sich zu klein und unbedeutend oder sie machen sich zu groß und blähen sich auf.

Was stärkt also meinen Selbstwert? Es ist die individuelle Erfahrung, wirklich als Mensch gesehen, angenommen zu werden. So wie ich bin, mit all meinen Macken und den sorgsam polierten Stellen. Ich brauche nicht perfekt zu sein! Es genügt, so zu sein, wie ich bin. Wenn ich nur das tue, was die anderen von mir fordern, erhalte ich keinen Selbstwert, dann bin ich nur gehorsam. Meist loben uns Menschen, um sich selbst gut zu fühlen – das hat dann wenig mit uns zu tun und viel mit ihnen. Wir spüren, dass sie gar nicht uns meinen, sondern einen vorfabrizierten Text abspulen.

Mit der Stärkung unseres Selbstwerts haben wir ein Leben lang zu tun. Und immer wieder gehen wir durch Täler geringen Selbstwerts. Wichtig scheint mir die Erkenntnis, dass wir nur selbst etwas dazu tun können, den eigenen Selbstwert zu erkennen und zu fördern. Die beiden Grundfragen sind: Wie gut kenne ich mich selbst? und: Was denke ich darüber, dass ich so bin? Danach folgt: Ich mute mich dir so zu, wie ich bin. Und – ich übernehme die Verantwortung für mein Handeln!

»Ich verlange nicht, dass Situationen, Umstände, Orte oder Menschen mich glücklich machen sollen, um dann zu leiden, wenn sie nicht meinen Erwartungen entsprechen.«

Eckhart Tolle, *Jetzt*

»ICH FINDE DEINE HAUT ALT«

Der Therapeut David Schnarch schildert in seinem Buch *Psychologie der sexuellen Leidenschaft* die Geschichte eines Paares, beide um die fünfzig. Der Mann sagt seiner Frau während der Beratung erstmals, dass er ihre alternde Haut unerotisch findet und sich von junger Haut angezogen fühlt. Sie ist verletzt, fühlt sich ohnmächtig und verlässt das Gespräch gekränkt. Zu Hause betrachtet sie sich im Spiegel, es setzt ein Umdenken bei ihr ein und sie überrascht ihren Partner im nächsten Beratungsgespräch: »Ich hatte eine schwere Zeit. Ich habe mich eingehend im Spiegel betrachtet und kam dabei zu der Feststellung: Es stimmt, ich habe die Haut einer Fünfzigjährigen. Es ist die Haut einer Fünfzigjährigen. Doch dann wurde mir klar: Das ist meine Haut, sie passt zu mir, sie gehört mir, ich fühle mich in ihr wohl.«

Ich zitiere diese Geschichte, weil sie ein gelungenes Beispiel dafür ist, wie wir mit Angriffen auf unseren Selbstwert umgehen können. Insgeheim erwarten wir von unserem Partner, dass er wertschätzend und liebevoll mit unserem Sosein umgeht. Das wird selbst in den besten Beziehungen nicht immer geschehen. Wir müssen selbst lernen, Wertschätzung für uns zu entwickeln.

Wir verletzen unsere persönliche Integrität, wenn wir die Wünsche des anderen als wichtiger einstufen als unsere eigenen. Es wäre ja noch erträglich, wenn damit das Ziel einer erfreulichen, harmonischen Partnerschaft erreicht würde. Das Gegenteil ist jedoch der Fall. Statt mir selbst darüber klar zu werden, was ich wirklich will und brauche – und darüber mit dem Partner zu verhandeln –, bleibt mir die Frustration, dass ich mich nicht einmal selbst ernst nehme. Und in der Folge vom Partner auch nicht ernst genommen werde.

»*Wenn du ein Schiff bauen willst, verteile nicht Aufgaben an Menschen, sondern wecke in ihnen die Sehnsucht nach dem endlosen Meer.*«

Antoine de Saint-Exupéry

In der Partnerschaft, wie auch in allen anderen menschlichen Beziehungen, gibt es zwei Arten von Wärme: die Schmelzwärme, die die ersehnte Harmonie mit sich bringt, und die Reibungswärme, die in Konflikten zu beobachten ist. Die Verschmelzung mit dem Partner wird von den meisten bevorzugt. Dabei sind beide Arten gleich förderlich für Partnerschaften. Eine konfliktfreie Partnerschaft ist eine Illusion und auf keinen Fall das Zeichen einer gelungenen Beziehung, da die unterschiedlichen Haltungen nicht zum Ausdruck kommen oder unter den Teppich gekehrt werden. Durch Streitvermeidung reduzieren wir den anderen auf eine Funktion in unserem Leben. Wir nehmen ihn in seinem Anderssein zuerst nicht wahr und dann nicht ernst.

Niemand ändert sich freiwillig. Die wenigsten beginnen eine Paarberatung mit der Absicht, etwas an sich selbst zu ändern, vielmehr suchen wir nach Möglichkeiten, unsere Situation oder unseren Partner zu ändern, während wir selbst so bleiben wollen, wie wir sind. Eine Lösung zwischenmenschlicher Probleme wird jedoch nur durch die Veränderung unserer inneren Haltung möglich.

Das Geheimnis einer stetig wachsenden Beziehung liegt nicht darin, dass Sie lernen, besser miteinander zu reden oder die Wünsche des Partners zu erfüllen. Entscheidend ist, dass Sie in Anschluss mit sich kommen, also sich selbst treu bleiben. Indem ich mich dem Partner so zumute, wie ich bin, ohne mich von dessen Urteil und Bestätigung abhängig zu machen. Wir beginnen dann zu erkennen, dass das Ringen um persönliches Wachstum nicht eine Störung der Person oder der Beziehung ist, sondern langfristig wie eine weitere Beziehungsmedizin wirkt.

Die oft gestellte Frage lautet dann: »Was, wenn mein Partner eine/n anderen will? Mich nicht so will, wie ich bin? Ist dann alles aus?« In dem Beispiel mit dem Wunsch nach »jüngerer Haut« setzte ich die Geschichte in meiner Vorstellung so fort: Durch den ersten Schritt des Mannes, seine Phantasien auszudrücken und sich nicht dafür zu schämen, hat die Frau die Möglichkeit, darauf zu reagieren. Nach anfänglichem Schock findet sie ihre eigene Haltung dazu: Ja, so bin ich. Dieser Dialog bringt beide in Anschluss mit sich selbst und dem, was ihnen wichtig ist. Ich könnte mir vorstellen, dass sich beide gesehen und gewürdigt fühlen. Mehr kann man im Moment nicht erwarten. Ich bin sicher, dass eine Beziehung, die seit zwanzig Jahren besteht, nicht an solch einem Detail zerbricht. Das in dem Beispiel einsetzende echte Gespräch über das, was beiden wichtig ist, ist eine gute Chance, dass es gut für beide weitergeht.

Was wäre demnach ein Merkmal einer erwachsenen Liebe, in der beide frei voneinander und somit frei füreinander sind? Für mich wäre das wichtige Zeichen die Rückmeldung des geliebten Menschen, dass ihm meine Liebe gut tut. Und dass es uns immer mehr gelingt, unsere liebevollen Gefühle in liebevolle Handlungen zu verwandeln.

Deine Liebe tut mir gut.

WAS ICH TUN KANN

Wenn Sie an Ihrer Partnerschaft weiterbauen wollen, wecken Sie in sich die Sehnsucht nach Liebe ... Als Paar und Familie sind wir verbunden wie Gewichte an einem Mobile. Kommt ein Windstoß, spüren das alle. Verändert sich einer, hat das Auswirkungen auf alle anderen. Ich kann den anderen nie ändern, obwohl ich die Illusion habe, dass dann die Probleme gelöst wären. Wenn ich etwas Glück habe, gelingt es mir, mich selbst zu ändern. Dann ändert sich die Beziehung als Ganzes – also auch mein Partner!

Ich erlebe in Beratungen oft, welche Kraft die Fokussierung auf das Gemeinsame, das, was uns auch in Krisenzeiten weiter verbindet (z.B. unsere Kinder oder unser Betrieb oder unsere Immobilie), hat. Paare, die sich entschieden haben, auf das zu schauen, was sie stärkt und verbindet, können in Ruhe auch das Trennende, was sich im Laufe der Zeit gezeigt hat, sehen und aushalten.
Es gibt nur wenige bedeutendere Geschenke, die Partner einander machen können, als die Freude, sich verstanden und angenommen zu fühlen. Es geht nicht darum, ob wir die Rosinen des Lebens miteinander genießen können, es geht um den Kontakt zueinander jeden Tag, im Alltag der Beziehung. Eine Affäre ist oft ein Symptom einer Krise in der Beziehung, nicht die Ursache.
Lebendige Paare schaffen Gelegenheit für die Liebe füreinander und sie lassen ihre Sexualität nicht unter Leistungsdruck geraten. Vitale Partnerschaften glauben an ihre Entwicklungsfähigkeit, glauben daran, dass sie ihre Konflikte lösen können, und wissen, dass es möglich ist, sich wieder zu versöhnen. Diese Paare brauchen Zeit füreinander, um auszuhandeln, wie es weitergehen soll. Sie reden über wichtige, persönliche Dinge! Sie nehmen sich diese Zeit und verzichten auf anderes.

Finden Sie Ihr Navigationssystem durch das Labyrinth aus Liebe, Partnerschaft, Trennung und Freundschaft. – Wie das geht? Es gibt keine Rezepte außer: am Ball bleiben. Reden Sie miteinander, nicht übereinander. Betrachten Sie die Probleme, die in Ihrer Partnerschaft entstehen, nicht als Ballast, den es abzuwerfen gilt. Sie werden sie nicht los. Probleme sind ein unabwendbarer Bestandteil jeder Beziehung. Und wir können damit umgehen lernen. Probleme können wir akzeptieren, statt sie zu beklagen. Wenn wir lernen, uns auf Probleme einzulassen und sie nicht nur weghaben zu wollen, können wir die Kraft, die sie in uns erzeugen, nutzen. Dann haben wir eine weitere Beziehungsmedizin gefunden.

Es gibt nichts Spannenderes als Beziehung! Entscheidend sind nicht die Tricks oder Praktiken, die erlernt werden können. Entscheidend ist die Bereitschaft, die innere Haltung von »Mir doch egal« auf »Interesse, was mit meinem Leben passiert« umzustellen. Das ist ein lebenslanger Prozess.

ÜBER DEN VERZICHT

Häufig wünschen wir uns zugleich Freiheit für Abenteuer und die Stabilität und Zuverlässigkeit einer Partnerschaft. Beides geht jedoch nicht, obwohl wir uns das in unseren Phantasien erträumen. In dieser Welt müssen wir uns entscheiden, was wir wollen. Das ist oft schwer, denn es bedeutet, mit den erträumten Möglichkeiten (die nur im Kopf möglich sind), zu brechen und sich wirklich für die Partnerin oder für den Partner zu entscheiden. Dieser Verzicht auf alle anderen möglichen Partner ist eine Voraussetzung für eine gelingende Partnerschaft. Dieser Verzicht wird leicht überdimensional, wenn er mit »für immer« verknüpft wird. Es genügt völlig, und wird so überhaupt erst lebbar, wenn ich mich *jetzt* für dich entscheide und mir wünsche, dass du das auch tust. Diese Entscheidung braucht es, ja fast täglich, immer wieder. Die auf Garantien aufgebaute traditionelle Ehe suggeriert uns eine Sicherheit, die selten hält, was sie verspricht.

Es gehören immer zwei dazu, eine Ehe zum Scheitern zu bringen. Und es braucht zwei, um eine Ehe zum Gelingen zu bringen.

EHE-TANDEM?

Traditionelle Ehen vergangener Generationen könnte man mit einem Tandemfahrrad vergleichen: eine feste Verbindung, der Mann vorne, die Frau dahinter – gleichsam im Windschatten. Der Mann lenkt, beide treten. Die Frau sieht nicht genau, wohin es geht, arbeitet (tritt) trotzdem genauso mit – entscheidet aber nicht die Richtung, denn ihr Lenker ist starr. Nur durch Gewichtsverlagerung kann sie die Richtung mitgestalten, die jedoch durch Lenkeinschlag des Mannes ausgeglichen werden kann. Wenn sie sich allerdings zu sehr in die Kurve legt – kracht's.

Viele Frauen und immer mehr Männer sind heute nicht mehr bereit, diese Art von Tandem zu besteigen. Sie entscheiden sich von vornherein, um im Bild zu bleiben, jeder für ein eigenes Fahrrad. Das hat vielfältige Folgen. Frauen wollen nicht nur Kinder, sondern auch Erfolg im Beruf, auch nach den zwei Babyjahren. Studium, dann in den

Job, dann zehn Jahre Kinder und wiedereinsteigen klappt jedoch in den seltensten Fällen, das zeigen die Statistiken. Die belegen auch, dass Frauen mit Hochschulbildung am wenigsten Kinder bekommen. Umfragen zeigen, dass sie gerne Kinder hätten, aber nicht um den Preis eines beruflichen Ausstiegs ohne Wiedereinstiegsmöglichkeit. Klas-

SO GERNE

KURZ VOR HAMBURG, ER SAGT, ES WIRD BALD HELL
WIR WERDEN GEBLITZT, UND DAS WAR VIEL ZU SCHNELL
ER KRIEGT 'NE NACHRICHT, ES IST 10 NACH 3
UND ICH FRAG MICH, WER SCHREIBT IHM UM DIESE ZEIT
DAS WAR NUR EIN FREUND, UND ICH WEISS,
DAS GEHT MICH GAR NICHTS AN, ABER
DA FÄLLT EIN STEIN, DEN ICH NICHT FESTHALTEN KANN
WEISSE STREIFEN ZIEHEN UNS DURCH DIE NACHT, UND ICH
KÖNNTE SCHWÖR'N, WIR HABEN GRAD DAS GLEICHE GEDACHT
'S GIBT NICHTS ZU SAGEN, DAS IST TOTAL ANGENEHM, DIESES
SCHÖNE SCHWEIGEN, DAS GEHT NICHT MIT IRGENDWEM
UND ZU HAUSE WARTET EIN ANDERER AUF MICH, TROTZDEM
IST MIR, ALS OB IN MIR GANZ LEISE JEMAND SPRICHT
ICH WÜRDE SO GERNE MAL MIT IHM AUFWACHEN
ICH WÜRDE SO GERNE MAL MIT IHM LIEBE MACHEN
ICH WÜRD MIR SO GERNE MAL KEINEN KOPF MACHEN,
WAS ICH TU
UND WIE VIEL GLÜCK STEHT MIR ZU
WAS STEHT MIR ZU
SEIT WIR UNS KENNEN, KENNEN WIR UNS GUT, ERSTAUNLICH
WIE GUT MIR SEIN BLOSSES DASEIN MANCHMAL TUT
MANCHE DINGE BLEIBEN IMMER UNGETAN, UND DABEI
FÄNGT MAN SCHWEIGEND MANCHMAL SCHON ZU LÜGEN AN
BIN ICH BEREIT, DEN ZU VERLIEREN, DER MICH LIEBT
HAB ICH NICHT EIN RECHT AUF SO VIEL LIEBE, WIE ES GIBT
ICH WÜRDE SO GERNE MAL MIT IHM AUFWACHEN – IRGENDWO
ICH WÜRDE SO GERNE MAL MIT IHM LIEBE MACHEN – EINFACH SO
ICH WÜRD MIR SO GERNE MAL KEINEN KOPF MACHEN,
WAS ICH TU
UND WIE VIEL GLÜCK STEHT MIR ZU
WAS STEHT MIR ZU

»Alle Kinder kommen mit zwei Grundbedürfnissen auf die Welt: einerseits das Bedürfnis nach Verbundenheit, andererseits das Bedürfnis nach Wachstum.«

Prof. Dr. Gerald Hüther

sische Rollenbilder lösen sich auf. Das verändert auch unsere Beziehungen. Wie immer bei solchen tiefgreifenden gesellschaftlichen Veränderungen gibt es eine Back-to-the-roots-Initiative, die glaubt, wenn wir die alten Werte wiederbeleben, schaffen wir die Probleme ab. Das soll jetzt aber nicht Gegenstand der Betrachtung sein. Interessanter scheint zu sein, welche Änderungen der Anspruch der Frauen auf Augenhöhe mit sich bringt.

MODELL DER INKLUSION – EINBEZIEHEN STATT AUSSCHLIESSEN

Um neue Ideen für Paarbeziehungen zu finden ist es nützlich, auf hilfreiche Modelle in anderen Bereichen zu schauen, in denen es auch um Beziehung geht: Schule, Arbeitswelt, Familie.

Erfolgreich erleben wir unser Leben, wenn unser dringendes Bedürfnis, sowohl dazuzugehören und uns auch von anderen unterscheiden zu können, befriedigt wird. Eine Partnerschaft besteht aus Individuen, die sich voneinander unterscheiden. Diese Unterschiede sind der Motor des Lernens in Beziehungen. »Könnten wir alle Unterschiede beseitigen, hätten wir den Triumph der instrumentellen Vernunft. Dann gäbe es keine Freiheit, weil es keine Wahlmöglichkeiten, keine Differenzbildungen, auch kein Gerechtigkeitsproblem mehr gäbe«, sagt Peter Fauser, Professor für Erziehungswissenschaften an der Universität Jena.

Im Gegensatz zur abhängigen Partnerschaft, zur abhängigen Beschäftigung oder zu Erziehungsmodellen zur Verunselbstständigung steht das anerkannte und erforschte Modell der Inklusion. Eine Lebenskultur basierend auf dem Modell der Inklusion bedeutet, dass diese Gesellschaft, Schule, Familie getragen wird von dem Vertrauen in die Entwicklungskräfte aller Beteiligten und dem Wunsch, niemand zu beschämen und zu beschädigen.

Die Entwicklung zur Inklusion (lateinisch inclusio, »der Einschluss«) ist ein Prozess und verläuft über das Erleben und Erlernen inklusiver Werte wie Mitwirkung, Teilhabe, Anerkennung und Wertschätzung von Vielfalt, Gleichberechtigung, Verantwortungsbewusstsein, Nachhaltigkeit, Fairness und Hilfsbereitschaft. Deutlich wird die Bedeutung von Inklusion im Vergleich mit Integration: integriert wird *in* eine Gruppe, Inklusion findet statt *mit* einer Gruppe, das ist ein gravierender Unterschied. Wenn zu einer Gruppe weitere Personen dazukommen, werden sie *in* diese Gruppe integriert. Im Gegensatz dazu bedeutet Inklusion: Zwei Personen oder zwei Gruppen bewegen sich auf Augenhöhe und in einem gleichwürdigen Miteinander. Mit ihren unterschiedlichen Stärken und Qualitäten bilden sie ein neues Ganzes.

»Sinn von Beziehungen ist Gegenseitigkeit.«

Martin Buber

ERST »HAPPY« UND DANN »END«?

Wir suchen es alle: Das Happyend. Aber es tritt oft genug getrennt auf, erst »happy« und dann »end«. Was tun wir, wenn aus der Liebe, die wir für uns beide als exklusiv erleben wollten, »Nächstenliebe« wird? Eine Liebe, die wir zu unseren Kindern fühlen, zu unserem Partner und auch zu anderen Freunden und Freundinnen. Das scheint doch unser Hauptproblem zu sein, dass wir die Exklusivität nicht halten und nicht garantieren können. Wir suchen den Partner fürs Leben und behaupten, es gibt nur einen. Es ist eben nur eine Behauptung, die dadurch nicht wahrer wird, dass sich manche nicht mehr für andere Menschen öffnen wollen. Mit dem Ideal im Kopf von der großen, einzig wahren Liebe, die für immer hält, am besten für ewig, sind wir ganz schön ins Schlingern geraten. Was millionenfach geblieben ist, ist Enttäuschung, basierend auf der Vorstellung, dass die Worte »Bis dass der Tod uns scheidet« eine Garantie sein könnten. Diese Worte drücken eben nur unsere Sehnsucht nach Unvergänglichkeit, Sicherheit und Absolutem aus. Und vielleicht steht auch die kindliche Idee dahinter: »Jetzt hab ich dich und mich fest im Griff, jetzt passiert uns nichts mehr.«

Es könnte also Zeit werden, genauer hinzuschauen, was sich da an Idealisierungen und schwächenden Bildern in unseren Hirnwindungen herumdrückt. Ich fange gleich einmal bei mir selbst an. Heute bin ich 54. Ich habe bisher mehrere »Frauen meines Lebens« kennengelernt. Jede war, zu der Zeit, in der ich mit ihr zusammen war, »die wichtigste Frau in meinem Leben«. Allen fühle ich mich nahe und von jeder Frau konnte ich lernen. Ich habe Fehler gemacht und mich blöd benommen und würde heute, in der Rückschau, manches anders machen. Und doch kann ich die Zeit nicht zurückdrehen. Erst durch den Schmerz, den ich bei ihr sah und bei mir spürte, konnte ich mich ändern. Mit einer Frau wurden mir zwei wundervolle Kinder geschenkt, wir sind bis heute in Freundschaft verbunden und fühlen uns als Familie. Mit meiner Partnerin heute verbindet mich so viel, dass es ein Buch füllen würde.

Ich habe erlebt, dass mein Wunsch nach der einzig wahren Partnerin eigentlich eine totale Überforderung war – für mich wie für die Partnerin. Deshalb habe ich auch nie etwas von Ehegarantien und ab-

soluten Versprechungen gehalten. Mir scheint es besser, sich oder den anderen nicht damit unter Druck zu setzen. Wenn man gerne die absolute Treue schwören möchte, könnte man das ja für sich tun und sich einfach daran halten und es dem Partner nach dreißig Ehejahren als unverhofftes Geschenk machen. Aber oft wird dieser Schwur als moralisches Druckmittel sich selber oder dem Partner gegenüber verwendet, um konstruierten Gesetzen, Erwartungen und dem eigenen Rollenverständnis zu genügen.

Ehepartner lassen sich mit rituellen Worten und Taten nicht fester aneinander binden. Sie fühlen sich miteinander verbunden, wenn sie erlebt haben, dass auf den Partner Verlass ist, dass sie zusammenhalten, wenn es schwierig wird. Vielleicht sogar über eine Trennung hinaus. Und dann wären wir wieder beim Ausgangspunkt der Überlegungen: aus einer exklusiven Liebe eine wirkliche Nächstenliebe werden zu lassen. Was könnte uns Besseres passieren, als angetrieben von der Verliebtheit – sozusagen als Leuchtfeuer – eine Liebe in unserer Partnerschaft werden zu lassen, die uns fast absichtslos miteinander verbindet? Eine Partnerliebe, die sich nicht nur an Exklusivität, Einmaligkeit und Ausschlusskriterien orientiert, sondern eine Partnerliebe, die auf gegenseitigem Wachstum durch Lernen und einem Wohlwollen über den Tag hinaus beruht. Das wäre das, was wir in der Tiefe unseres Herzens suchen – bedingungslos geliebt zu werden und vorbehaltlos lieben zu können.

Ich bin Realist genug, um dies als ein hohes Ziel zu sehen, das manche nicht erreichen wollen. Für mich ist es ein Ziel, das sich beim Gehen ergeben hat. Ich hätte selbst nicht gedacht, dass ich mich aus meiner Eifersucht, Kleindenkerei und einigen anderen Rucksackfüllungen befreien könnte. Na ja, ich arbeite noch dran.

Liebe ist doch immer jetzt! Wahre Liebe ist das Ende der Ewigkeit. Liebe ist nur jetzt. Und wenn wir sie festhalten wollen mit Garantien oder Zusagen, macht sie sich auf und davon – ohne dass manche es merken. Liebe ist Verwandlung von mir und dir. Wenn wir den nötigen Mut dazu nicht haben, fliegt sie weiter, und wir bleiben zurück, einfach so, nicht als Strafe. Diese Liebe wartet nur darauf, wieder umzukehren. Wenn wir uns nicht mehr wehren, einfach weitergehen, findet sie uns wieder. Du musst nur weitergehen. Mit deinem Strahlen deine Liebe rufen, sie hört dich. Dich erinnern, wie sich geliebt werden anfühlt. Lieben, nicht um geliebt zu werden, sondern um zu lieben.

Wir können nicht verhindern, das zu sein, was wir sind, und wir können werden, wie wir uns geträumt haben. Wenn wir wollen, dass sich etwas in unserer Partnerschaft verändert, müssen wir damit anfangen. Es wird kein anderer tun, und es wird nicht von selbst geschehen.

Wo gehen wir hin, wenn wir für immer gehen? Wohin fällt der Regentropfen, wenn es über dem Ozean regnet?

WAS ICH TUN (ODER LASSEN) KANN

Ich kann mir diese Fragen beantworten:

Was ist wichtiger als das Jetzt?

Wofür lohnt es sich zu leiden?

Liebe ich mich?

Liebe ich meinen Partner?

Liebe ich meinen Beruf?

Ist es nötig, etwas zu reparieren?

Genügt es mir, einfach da zu sein?

Muss ich noch etwas kontrollieren?

FREMDGEHEN

Eine Außenbeziehung bedeutet oft das Ende der Paarbeziehung. Das muss nicht so sein. Wenn die Partner diese Entwicklung, an der sie beide beteiligt sind, als Herausforderung begreifen, kann es zu einer Vertiefung und Erneuerung der Partnerschaft kommen. Manchmal ist es auch einfach vorbei. Wenn wir den Statistikern glauben wollen, gibt es fast in jeder Paarbeziehung Seitensprünge. So ist die Frage nicht mehr, wie wir sie vermeiden können, sondern wie wir damit umgehen lernen. In ihrem empfehlenswerten Buch *Trotz aller Liebe – Wie überstehen wir den Seitensprung?* beschreiben die Therapeuten Maureen Luyens und Alfons Vansteenwegen alle denkbaren Möglichkeiten im Umgang mit Seitensprüngen. Mich hat am meisten ihre vorurteilsfreie, neutrale Beschreibung dessen, was abläuft, beeindruckt. Im letzten Absatz »Eine Affäre als Lernprozess« fassen sie zusammen: »Wenn sich beide Partner dafür einsetzen, können Probleme, die durch eine Affäre mit einer dritten Person entstanden sind, gemeinsam verarbeitet werden. (...) Man muss immer wieder aussprechen, was man erlebt, sich immer wieder neu einigen und versöhnen.«

ICH FINDE MICH NICHT AB ...

ICH FINDE MICH NICHT AB,

UNSERE HERZEN BEGRABEN ZU SEHEN.

WIR FINDEN EINEN WEG ZURÜCK INS LEBEN.

ES IST HOHE ZEIT, VIEL BLEIBT NICHT!

VERÄNDERUNGEN SIND DIE VORBOTEN

MEINER VERGÄNGLICHKEIT,

TROTZDEM MUSS ICH MICH BEIDEN FÜGEN.

DAMIT FINDE ICH MICH AB.

WENN ES ZEIT IST ZU GEHEN,

FÜR MICH UND DICH,

DANN FINDE ICH MICH DAMIT AB.

BIS DAHIN LASS UNS LEBEN!

WIE REDEST DU DENN MIT MIR!

ÜBER KOMMUNIKATION

Tatsächlich ist das Reden miteinander, das Zuhören und das Sich-zu-gewandt-Sein, wesentlich für Paare. Kommunikation sollte OHR sein: Offen, Häufig, Respektvoll. Die partnerschaftliche Kommunikation ist ein zentraler Pfeiler für Beziehungsglück. Die Kommunikationsforschung zeigt deutlich, dass sich die Redegewohnheiten von glücklichen Paaren und unzufriedenen Paaren lange vor der Krise, sogar schon beim Beginn der Beziehung, unterscheiden.

Glückliche Paare reden fair miteinander. Sie besprechen ihre gemeinsamen Probleme eher mit dem Partner und eher nicht mit der Freundin. Sie reden respektvoll miteinander und vermeiden Kränkungen und Abwertungen. Auch die nonverbale Kommunikation mit Gesten, Mimik und Körperhaltung bestätigt die Zugewandtheit.

Zufriedene Paare senden mehr positive Signale von Empathie, Wärme, Aufmerksamkeit, Zärtlichkeit und mehr soziale Verstärkung wie Zustimmung, Übereinstimmung, Versicherung. Sie neigen zu versöhnenden Handlungen, machen eine humorvolle Bemerkung.

Häufige Kommunikationsfallen sind destruktive Kritik und Verallgemeinerungen (»Nie tust du, worum ich dich bitte«), verächtliche, den Partner abwertende Bemerkungen (»Das lernst du eh nie«) und defensive Kommunikationsmuster wie häufiges Sichverteidigen bei gleichzeitigen Gegenangriffen und Rechtfertigungen (»Du gibst dir ja überhaupt keine Mühe«).

UMGANG MIT STRESS IN DER BEZIEHUNG

Stressbewältigung ist eine gute Unterstützung für Ihr Beziehungsglück! Unter Stress bricht die Kommunikation zusammen, dann machen sich unzufriedene Paare mehr Vorwürfe, werten sich häufiger gegenseitig ab und sind in höherem Ausmaß sarkastisch zueinander oder neigen mehr zu Rückzug. Die Folge: Die Krise verstärkt sich. Abhilfe schaffen die Bereitschaft und das Interesse, den Stress als Paar zu bewältigen.

Wenn es Paaren gelingt, darüber zu sprechen, wie es ihnen geht, was sie belastet, was sie fühlen – dann bricht das Eis und Entspannung tritt ein.

Eine glückliche Partnerschaft zu führen braucht keine idealen Voraussetzungen! Weder hohe körperliche Attraktivität noch Intelligenz, Alter, Status, Einkommen, Bildung, Religionszugehörigkeit oder das Ausmaß der Verliebtheit gewährleisten eine dauerhaft glückliche Beziehung. Aber es gibt wichtige Fähigkeiten, um als Paar gemeinsam erfolgreich zu sein: die Partnerschaft als gemeinsame Entwicklung sehen. Angemessen miteinander reden. Alltagsstress gemeinsam lösen lernen. Effiziente Wege finden, mit Meinungsverschiedenheiten umzugehen (z.B.: »Ich bin ordentlich, du bist unordentlich. Das kannst du in deinem Zimmer sein, in der ganzen Wohnung will ich es nicht«).

Gut miteinander umgehen ist lernbar, das Interesse füreinander behalten ist Glück!

EIGEN-VERANTWORTUNG

Ein Mensch, der von seinen eigenen Gefühlen und Wahrnehmungen ferngehalten wurde, ist voller Aggression. Aber diese Aggression darf nicht ausgedrückt werden denen gegenüber, die sie auslösten. Sie manifestiert sich dann ersatzweise gegenüber dem Partner, den Kindern, Geschäftskollegen, etc. In meiner Kritik an überholten Schulsystemen, bevormundenden Glaubensmaschinerien, erdrückenden Familiensystemen, Kräfte zehrenden Berufskämpfen geht es mir darum, auf die immer gleichen Folgen hinzuweisen: unbefriedigende Beziehungen!

Ich will mögliche Auslöser für diese unbefriedigenden Zustände ansprechen und mögliche Lösungsansätze nennen. Sichtbar machen,

warum sich so viele Menschen heute nicht mehr wohl fühlen in ihren Beziehungen, aber kaum Alternativen finden, da es in Schul- und Berufswelt oft ähnlich zugeht und es schwer ist, auf die Frage: »Was willst du denn, das ist doch normal« konkret zu antworten. Es besteht meist nur ein diffuses Gefühl, dass irgendetwas grundlegend schiefläuft.

Aus meiner Sicht liegt der Grund auf der Hand. Es ist die diktierende Gehorsamskultur, die wir kaum mehr wahrnehmen, die uns überall von der Wiege bis zur Bahre begegnet. Nicht zuletzt sind die hohen Kirchenaustrittszahlen und Scheidungsraten ein deutliches Zeichen, dass viele Menschen nicht mehr so weitermachen wollen wie bisher. Sie suchen nach Orientierung, wollen dabei aber nicht mehr auf die

schon bekannten Hierarchiestrukturen hereinfallen. Ich gehe noch weiter: Ich halte die Unlust, die vielerorts anzutreffen ist, für einen gesunden Widerstand gegen diese lähmende Bevormundung. Kritiker könnten z.B. beim Thema Gehorsam und Erziehung einwerfen: »Aber Kinder brauchen Grenzen!« Das ist Unsinn! Kinder brauchen keine allgemeinen Grenzen, sie brauchen Erwachsene, die ihre eigenen Grenzen nennen und vorleben, die die Führung übernehmen, ohne die Würde der Kinder zu verletzen. Kinder können an diesem Beispiel schon von früh auf lernen, ihre Bedürfnisse zu achten und für sie zu sorgen. Das sind wiederum wunderbare Voraussetzungen für eine gelingende Partnerschaft. Aber natürlich sind das Menschen, die sich nicht

»Wir werden als Originale geboren, sterben aber als Kopien.«

Edward Young im 18. Jahrhundert

Ich brauche das Gefühl nicht mehr, dich zu beherrschen, um wertvoll zu sein oder um überhaupt jemand zu sein.

von Befehlen einschüchtern lassen und im vorauseilenden Gehorsam versuchen, dem anderen jeden Wunsch von den Lippen abzulesen. Es könnten noch mehr eigenverantwortliche Menschen werden: gute Voraussetzungen für Demokratie.

Was können wir tun, wenn wir etwas ganz anderes kennengelernt haben? Deshalb der Ausflug in die Bindungstheorie in Kapitel acht. Die Erfahrungen, die wir als Kinder mit der Zuwendung unserer Eltern gemacht haben, prägen oft unser Verhalten in späteren Partnerschaften. Die Forschungsergebnisse zeigen deutlich, wenn die Bindung an die Mutter nicht »sicher« war, gibt es zwei typische Reaktionen: Nähe wird dann entweder als gefährlich erlebt oder erzwungen. Diesen Mechanismus und seine Ursachen zu verstehen ist ein erster Schritt zur Veränderung.

In diesem Buch geht es viel um Eigenverantwortung, deshalb möchte ich auch zur Überverantwortlichkeit etwas sagen: Manche Menschen fühlen sich sofort angesprochen und verantwortlich, wo andere überhaupt keine Reaktion zeigen. Sie wollen überall helfen und alles übernehmen. Natürlich wird diese ständige Bereitschaft, Verantwortung für andere zu übernehmen, mit der Zeit zu viel für sie selbst und sie fühlen sich überlastet. Was ist also *meine* Verantwortung und worin besteht sie? Geht mich das überhaupt etwas an? Wo liegen meine Grenzen? Können andere bestimmen, wofür ich mich verantwortlich fühle und wofür nicht? Für mich steckt im Wort selbst die Lösung: Verantwortung kann ich übernehmen, wenn ich mich gefragt fühle und wenn ich eine Antwort habe.

ES KOMMT DER ABEND

ES KOMMT DER ABEND UND ICH TAUCHE IN DIE STERNE,

DASS ICH DEN WEG ZUR HEIMAT IM GEMÜTE NICHT VERLERNE.

UMFLORTE SICH AUCH LÄNGST MEIN MICH VERTRIEBENES LAND.

ES RUHEN UNSERE HERZEN LIEBVERWANDT,

GEPAART IN EINER SCHALE:

WEISSE MANDELKERNE –

... ICH WEISS, DU HÄLTST WIE FRÜHER MEINE HAND

VERWUNSCHEN IN DER EWIGKEIT DER FERNE ...

ACH MEINE SEELE RAUSCHTE, ALS DEIN MUND ES MIR GESTAND.

Else Lasker-Schüler
Mit freundlicher Genehmigung des Suhrkamp-Verlags

WENN DIE LIEBE GEHT

Manchmal müssen sich Menschen erst verlassen, um zu merken, dass sie sich wirklich geliebt haben.

Wenn zwei, die sich geliebt haben, sich trennen, ist das mit tiefem Schmerz verbunden. Der Schmerz rührt daher, dass wir auf das schauen, was in unserer Beziehung nicht möglich war. Es war nicht möglich, unsere Ideale von Beziehung zu leben. Diese Ideale sitzen tief in uns.

Wenn die Liebe gegangen ist, ist es manchen nicht genug, »nur« noch eine Partnerschaft statt einer Liebesbeziehung zu leben. Andere halten es für normal, dass die Liebe aus einer Beziehung geht.

Dass es nicht so kam, wie wir erwartet und es uns gewünscht hatten, ist normal und passiert täglich. Warum machen wir aus getrennten Beziehungen gescheiterte? So, als hätten wir es verhindern können. Als hätten wir uns nur ganz doll anzustrengen brauchen, dann wäre das alles nicht passiert. Als hätten wir nur genug Beratung oder Familientherapie zu »nehmen« brauchen, dann wäre alles noch beim Alten.

Die Trennungsraten nach Paartherapien sprechen eine andere Sprache. Es ist eine schöne Idee, unsere Beziehung steuern zu können. Wir könnten sicherlich Verhaltensweisen verändern, lernen, »besser« miteinander umzugehen. Doch die Liebe bleibt davon unberührt. Ihr ist nicht beizukommen. Liebe ist nicht behandelbar. Wir haben die Liebe nicht, sie hat uns. Dass zwei sich trennen läuft unserer Absicht zuwider, bestätigt aber auch die Erkenntnis, dass wir in Beziehungen sind, sie jedoch nicht besitzen und auch für nichts garantieren können. Wir können unser Bestes dazu tun, müssen es dann aber so nehmen, wie es kommt.

Jetzt geht es darum, auf die positiven Auswirkungen von Trennung zu schauen: auf das, was in unserer Beziehung möglich war. Was wir gemeinsam hatten an Verliebtsein, an Liebe. Was wir an unseren Kindern haben, an gemeinsamer Zeit hatten, was wir gemeinsam erschaffen haben an Werten.

Oft sind Trennungen unvermeidlich. Auf das Wie kommt es an. Wenn beides sein darf, Gutes und Schweres in unserer Beziehung, geht es gut für uns beide weiter. Dann brauchen wir uns nicht gegenseitig wehzutun, einen Trennungsgrund zu schaffen.

Manchmal verliert sich über die Jahre etwas Wichtiges, ohne dass wir es bemerkt hätten. Dann streiten wir über Äußerliches, wo es doch um Inneres geht. Ein neutraler Beobachter kann Hinweise geben für einen Weg, der für beide stimmig ist. Dann ist Beratung sinnvoll. Nicht sinnvoll ist allerdings die Abgabe von Autorität über das eigene Handeln, weder in Beratung noch in Therapie. Kein Berater, kein Therapeut weiß besser Bescheid über mich als ich! Und keiner muss mit mir auskommen. Deshalb liegt es in meiner eigenen Verantwortung, auch diese Situation gut zu meistern. Ich kann das, nehme mir Hilfe, wenn ich sie brauche, und lebe dann zu meinem und deinem Wohl weiter!

ZUSAMMENHALTEN IM ABSCHIED

Partnerschaften, die wir als vorbildlich bezeichnen, haben eine Nahtstelle, ein markantes Zeichen: Die beiden Partner halten zusammen! Das unbedingte wechselseitige Zueinanderstehen ist ihr Geheimnis und die Grundlage für das, was wir »echte« Liebe nennen. Wie die Liebe, so muss das Zusammenstehen von beiden fortwährend genährt werden, es muss wachsen und immer wieder erneuert werden. Dieser Zusammenhalt ist meist von Anfang an da oder nicht. Wenn er nicht da ist, erleben die Beteiligten die Beziehung als anstrengend und suchen nach Alternativen. Selten entwickelt sich dieser Zusammenhalt aus der Beziehung heraus.

Wenn es ein Geheimrezept gibt, wie Trennungen gelingen, so lautet dies paradoxerweise: zusammenhalten! Zusammenhalten in den wichtigen Fragen, die bleiben, wie z.B. Umgang mit unseren Kindern, Umgang mit unseren materiellen Werten, Firma, Anteilen usw. Wir hal-

Eine wirksame Trennung, die Entlastung für alle bringt, kann nur in und aus Liebe geschehen.

ten zusammen bedeutet, wir finden einen Weg, der für uns beide gangbar ist. Die Lösung richtet sich nach dem, was wir beide brauchen und zulassen können. Wir handeln diese Lösung miteinander aus. Was wir für möglich halten, kann geschehen.

In Anbetracht der häufigen Schwierigkeiten bei Trennungen und Abschied merken wir, dass wir sehr ungeübt darin sind, mit dem Ende eines Lebensabschnitts umzugehen. Abschiede oder Übergänge in Beziehungen stellen eine Herausforderung für die Beteiligten dar. Dabei sind wir immer wieder mit solchen Veränderungen beschäftigt. Schulzeiten werden abgeschlossen, Projekte und Jobs werden beendet. In der Arbeitswelt, in Freundschaften, in unserem eigenen Lebenszyklus gehört der Abschied immer mit dazu.

Jeder hat gerne einen guten Start, wer denkt da schon an das Ende? Und doch wissen wir alle, dass es im Neuen nur gut weitergehen kann, wenn das Alte gut oder überhaupt abgeschlossen wurde. Wir haben die Fähigkeit, mit einem Abschied umzugehen! Wir können Übergänge mitgestalten! Wir sind unseren Gefühlen nicht hoffnungslos ausgeliefert. Gefühle kommen und gehen. Die Wut, der Hass auf den Partner, die Rachegefühle, die Ohnmacht sind zeitabhängig. Wir müssen uns diese Zeit gönnen, die wir brauchen, um diese Gefühle abklingen zu lassen.

Wir sind nicht unsere Gefühle, sondern wir haben sie. Wir können sie anheizen oder in einen Zusammenhang stellen. Wir können die Gefühle von der Person, die sie bei uns auslöst, trennen. Wir können sagen: »Ich mag dieses Verhalten nicht, aber den Menschen, der dieses Verhalten zeigt, muss ich deshalb nicht verteufeln.«

Zusammenhalten in den wichtigen Entscheidungen heißt nicht, das Verbindende zu beschönigen. Wir schauen darauf, wie unsere Partnerschaft wirklich ist. Da gibt es Trennendes und Gemeinsames. Einer, vielleicht beide, sind der Meinung, dass eine Trennung angebracht wäre. Gemeinsam gelingt ein guter Abschied oder eine gemeinsame Neubegründung der Partnerschaft.

Weil wir glauben, unsere Abschiede nicht selbst lösen zu können, beauftragen wir manchmal andere damit. Das bringt die bekannten Folgen, Rechtsstreit und damit ein Verbundenbleiben im Streit. Das ist leicht! Es ist keine Kunst, sich im Streit zu entzweien. Gemeinsame Lösungen zu suchen ist harte Arbeit. Zuerst an sich selbst. Ende gut, alles gut? Ich wünsche Ihnen, dass Sie Ihre Abschiede gut zu Ende bringen. Ausführlich habe ich den möglichen Umgang mit Trennung im Buch *Trennung in Liebe … damit Freundschaft bleibt* beschrieben.

»Wo aber Gefahr ist, wächst das Rettende auch.«

Friedrich Hölderlin

Wer sich beklagt,
will nichts ändern.

WIR SCHAFFEN DAS

Bei »Chancen verlieben sich« geht es darum, dass wir beide, du und ich, unsere Beziehung in die Hand nehmen. Wir halten es für möglich, dass wir in eine für uns beide stimmige und liebevolle Beziehung kommen können. Das bedeutet nicht, dass wir der Meinung sind, alles schon zu können oder perfekt werden zu wollen. Was wir wollen, ist mit den Krisen und Schwierigkeiten, die sich auf unserem gemeinsamen Weg zeigen, umzugehen. Wir wollen die Widersprüche, die wir in uns spüren, nicht auflösen, sondern gut mit ihnen leben lernen.

Wir holen uns den fachlichen Rat, den wir brauchen. Aber wir geben niemals die Autorität über unser Handeln an andere ab. Das Gespräch zwischen dir und mir steht an erster Stelle. Wir haben die Schwierigkeiten, die wir erleben, selbst erzeugt, sie liegen sozusagen in uns. Deshalb können wir sie auch selbst heilen. Wir betrachten diese Probleme nicht als Scheitern, sondern als Hürden, die wir überspringen können – vor allem, wenn wir uns gegenseitig helfen. Was uns dabei stärkt, wissen wir selbst am besten.

Besser, als irgendwelchen Ratschlägen zu folgen, ist es, sich den Zustand und den Wert einer Beziehung klarzumachen. Dann verlieren Therapeuten und Berater die Macht, uns vorzusagen, was angeblich normal, richtig und gesund ist. Ich glaube daran, dass sich Beziehungen selbst regulieren und dass nicht alles therapiert werden muss. Beziehungen verhalten sich irgendwann wie eigenständige Wesen, die nicht bewusst von dir und mir zu lenken sind. Sich anzuschauen, was da passiert, was man miteinander hinkriegt und was nicht, ist sinnvoller, als zu glauben, man könnte eine Partnerschaft nach seinem Willen formen.

Beziehungen passieren, sie sind nicht bewusst gewählt. Deshalb ist es unsinnig zu glauben, die Partner könnten den Verlauf bestimmen. Wir können uns nicht absichtlich verlieben. Aber wir können sehr wohl mit der Beziehung, die wir haben, umgehen lernen und daraus das Beste schaffen. Wer glaubt, Beziehung sei ein Rundum-Sorglos-Paket gewürzt mit Sex, wird schnell enttäuscht sein. Für alles, was man in einer Beziehung bekommt, muss Mann/Frau etwas geben. Es gibt nichts umsonst.

Elternbeziehung und Paarbeziehung müssen nicht immer zusam-

80 Prozent unserer Gedanken sind Projektion.

menfallen, jedenfalls nicht die ganze Zeit. Freundschaftsbeziehungen zwischen Mann und Frau müssen nicht immer Paarbeziehungen bleiben. Es gibt Menschen, die Beziehungen nach dem Motto »Alles oder nichts« leben wollen. Es gibt andere, die sich vorstellen können, nach einer Trennung gute Freunde zu bleiben. Was dient einer guten Entwicklung der Partner und deren Kinder mehr?

WIR TUN NICHTS, WAS DIR ODER MIR SCHADET

Wenn mich Paare als Berater aufsuchen, bin ich nicht daran interessiert, eine Beziehung zusammenzuhalten oder zu trennen, das geht auch nicht. Ich möchte die Partner unterstützen, selbst zu sehen, wie ihre Beziehung ist und welchen Wert sie noch für beide hat. Beziehung ebenso wie Trennung gelingt, wenn beide auf das gemeinsame Wohl, das, was ihnen nützt und was ihnen schadet, schauen. Beziehung und Trennung misslingen, wenn einer nur seine Interessen im Blick hat oder aber seine Interessen gänzlich vernachlässigt. Wenn wir unsere Beziehung anschauen und fragen: »Nützt oder schadet es, was ich vorhabe?«, weiß jeder ganz genau, was der nächste Schritt wäre, damit Beziehung oder Trennung gelingt.

Die Verbindung mit einem Partner wird nicht durch eine Trennung beendet. Egal ob die Beziehung besteht oder getrennt wurde, sie beeinflusst das Leben der Partner mehr oder weniger weiter. Mehr, wenn gemeinsame Kinder da sind, weniger, wenn die Beziehung kurz war und gut für beide zu Ende ging. Mehr, wenn versucht wurde, die Ehe im Streit zu beenden, weniger, wenn Partnerschaft in gegenseitiger Achtung zu Ende ging.

WENN PAPA UND MAMA SICH NICHT MEHR KÜSSEN

»Papa und Mama küssen nicht mehr, und wir sind beide für euch da.« Das waren die Worte, mit denen meine erste Frau und ich 1996 unseren Kindern, die damals 7 und 9 waren, mitgeteilt haben, dass sich etwas Wichtiges in unserer Familie ändert. Noch wichtiger war, wie es dann zwischen uns vier weiterging. Wir haben zusammengehalten, auch gegen viele »Einladungen zum Tanz« aus unserem Inneren und von außen. Bis heute geht es uns mit dieser Haltung so gut, dass wir uns freundschaftlich verbunden fühlen.

Besondere Aufmerksamkeit brauchen unsere Kinder, wenn sich die Eltern trennen. Kinder neigen dazu, die Konflikte, die es mit ihnen und wegen ihnen gibt, als Ursache für die Trennung zu missdeuten. Wenn sie der Grund dafür sind, dass Papa und Mama sich trennen, haben sie auch Einfluss darauf, dass die beiden wieder zusammenkommen, meinen sie. Beides ist falsch. Kinder wollen nur eines: dass Papa und Mama gut miteinander sind. Das ist eine gute Ausgangsbasis für die Erwachsenen, denn eigentlich wollen die dasselbe. Oft wollen sie jedoch den Preis dafür nicht bezahlen: eigene Veränderung! Es ist besser, wenn die Eltern dazu stehen, dass es gemeinsam nicht mehr geht. Klar sagen, dass es ihre Sache ist und dass beide weiter für die Kinder da sind. Die Voraussetzungen dafür in sich zu schaffen, das ist der Job der Eltern.

Manche Eltern überlegen, »den Kindern zuliebe« zusammenzubleiben. Welche Last bürden die Eltern damit ihren Kindern auf! »Wir wollen eigentlich nicht mehr zusammenbleiben und würden es auch nicht mehr, wenn es euch nicht gäbe.« Diese Hypothek spüren Kinder und brechen darunter zusammen, sie werden auffällig z.B. durch Krankheit oder in der Schule oder Familie. Wenn die Erwachsenen ihre Sachen nicht in Ordnung bringen, hat das Auswirkungen auf die Kinder *und* die Erwachsenen. Die Qualität der Beziehungen zwischen den Familienmitgliedern steht und fällt damit, ob die Eltern ihre Beziehungsarbeit anpacken oder verdrängen.

WAS ICH TUN KANN

Die folgenden Sätze stellen sozusagen einen Extrakt aus *Trennung in Liebe ... damit Freundschaft bleibt* dar. Erläuterungen und Weiterführendes finden Sie in diesem Buch und auf der Internetseite www.trennung-in-liebe.de wie auch unter www.paareimwandel.de

Wir sind nicht ohnmächtig und wir sind nicht allmächtig, und wir beide wollen das hier schaffen!

Wir schauen auf das Gemeinsame, nicht auf das Trennende.

Wir tun nur, was alle Beteiligten stärkt.

Die Vergangenheit darf vorbei sein!

Das war es, was wir beide zusammen hinbekommen haben, und es ist gut so.

Wenn Sie Ihre Partnerschaft gut zu Ende bringen wollen, versuchen Sie doch, das Ende mit dem Anfang zu verbinden und sich ein wenig an die Verliebtheit zu erinnern und an das Herzliche, was es in jeder Partnerschaft gab.

»*Was einer ist,*
was einer war,
beim Scheiden wird
es offenbar.«
Wilhelm Busch

PARTNERSCHAFTEN SCHEITERN NIE!

Partnerschaften scheitern nie! Das Einzige, was scheitert, ist die Absicht, so zu bleiben, wie ich war (oder zu sein glaubte) – oder die Erwartung, dass der andere so bleibt, wie es vereinbart war. Unsere Selbstbeschreibungen und unser Selbstverständnis produzieren bestimmte Erwartungen von unserem Leben und an unsere Partner. So halten wir gerne in der Hoffnung auf Sicherheit an einer liebgewordenen Identität fest. Die Unberechenbarkeit der Zukunft schreckt uns.

Leben ist doch ganz anders. Es zwingt uns ständig zu Veränderungen. Durch Schicksal, Krankheit, Berufswechsel, Trennung, Verlieben werden wir scheinbar aus der Bahn geworfen. Was aus der Bahn fliegt, ist der Wunsch, zu bleiben, wer man war! Veränderungen können wir nur so lange vermeiden, solange es nicht zu offensichtlich ist. Wenn die Partnerin ausgezogen ist, kann ich nicht mehr weitermachen wie bisher. Dann zwingen mich die Umstände, Farbe zu bekennen.

Was da scheitert ist die Wunschvorstellung, dass alles so bleiben möge wie immer. Auch wenn es gar nicht so gut war. Wandel in Beziehungen wird als Krise erlebt. Einer geht, entfernt sich, verändert das bekannte Gleichgewicht (oder Ungleichgewicht). Wenn ein Partner von sich aus den Wandel sucht, kann man davon ausgehen, dass er Wichtiges in der Partnerschaft vermisst. Oft ist ihm das selbst nicht klar.

Die alten Erwartungen führten uns in die Krise, der Versuch, so weiterzumachen wie bisher, ist gescheitert, nichts weiter. Eine neue Situation bereitet sich vor. Damit gilt es nun umzugehen. Das Jammern geht zu Ende, die Bewältigung beginnt. So gesehen ist aktives Krisenmanagement nichts anderes, als sich schnell auf die neue Situation einzustellen und sich den veränderten Erfordernissen in der Partnerschaft anzupassen.

Diese Veränderung der eigenen inneren Haltung und Strukturen kann jeder Mensch nur selbst vornehmen. Bücher, Seminare, Beratung können unterstützen, aber das eigene Handeln, Auslösen und Integrieren der Prozesse nicht ersetzen. Gott sei Dank. – Wandel gelingt nur, wenn wir genügend Interesse an der Veränderung entwickeln, sonst

»Die kleine Wahrheit hat klare Worte; die große Wahrheit hat großes Schweigen.«

Rabindranath Tagore

glauben wir, Opfer der Umstände zu sein. Damit machen wir uns selbst handlungsunfähig.

Manchmal geben wir oder der Partner nur vor, uns ändern zu wollen. Wenn wir an der unglücklichen Beziehung leiden, ist es nur verständlich, dass wir diesen Zustand loswerden möchten. Aber sind wir bereit, den Schmerz und die Qualen zu ertragen, welche untrennbar mit dem Prozess des inneren Wachstums und des Unabhängigwerdens verbunden sind? Der Versuch, die Krise ohne eigene Anstrengung, ohne eigenen Schmerz zu bewältigen, wird erfolglos bleiben. Ohne die Bereitschaft, Schmerz und Angst zu durchleben, kann niemand wachsen und die Krise hereinnehmen in sein Leben.

VERARBEITUNGSSCHRITTE

Der Umgang mit großen Krisen in der Partnerschaft läuft in der Regel in mehreren Schritten ab. Oft beginnt die erste Phase damit, dass wir die drohende Veränderung nicht wahrhaben wollen, ignorieren, kleinreden. Wer hier weitergehen will, muss bereit sein, seine bisherigen Vorstellungen davon, wie alles weitergehen wird, grundlegend infrage zu stellen.

Wenn ein Interesse besteht, mit dem Partner ein gutes Verhältnis zu finden, egal unter welchen Umständen, dann erfolgt der zweite Schritt, das Anschauen dessen, was ist. Also die Krise zu sehen. Betroffen zu sein von dem, was da ganz anders läuft, als ich geplant habe! Diese Bereitschaft, sich einzulassen auf Neues, der Krise einen Sinn zu verleihen, indem wir sie als Wachstums- und Veränderungsmöglichkeit betrachten, ist ein mutiger Schritt, der immer mehr Paaren gelingt.

Wir nehmen die Herausforderung an, wir sind bereit zu kämpfen. Aber nicht gegeneinander, sondern miteinander, füreinander, für eine größere Liebe und unsere Selbstachtung. Damit diese Werte in uns und in unserer Beziehung bleiben – auch über eine mögliche Trennung hinaus. Weil mein Wunsch, mit dir in Liebe verbunden zu bleiben, größer ist als der, dich zu besitzen. Lieben heißt auch gehen lassen.

»Sich erziehen zur Deutungs-abstinenz.«

Steve de Shazer

*Mein Wunsch,
mit dir in
Liebe verbunden
zu bleiben,
ist größer als
mein Wunsch,
dich zu besitzen.*

Vielfach setzen wir uns selbst unter hohen Erwartungsdruck, was das Gelingen unserer Partnerschaft angeht, oder befürchten, als Ehemann oder Ehefrau nicht zu genügen. Oft haben wir auch genaue Vorstellungen, wie der Partner sein oder werden muss. Und manche von uns trauen sich dann gar nicht mehr, eine Partnerschaft zu riskieren, und bleiben lieber allein.

Unser Partner wird nicht besser, wenn wir an ihm arbeiten. Bei den anstrengenden Bemühungen, die Beziehung zu retten, kommt das Wichtigste meist zu kurz. Nämlich, dass wir unsere Partnerschaft als ein Geschenk sehen oder uns einfach darüber freuen, was wir zusammen hatten und haben! Dann erlebt sich unser Partner als willkommen und wertvoll! Dann wird unsere Partnerschaft wachsen, sich verändern und dableiben. Aber bleiben, wie sie war, wird sie sicher nicht!

Partner haben alles in sich, was sie brauchen, um in Partnerschaften erfolgreich zu sein. Was heißt überhaupt erfolgreiche Partnerschaft? Ist der Maßstab die Dauer, das Maß an Glück oder ob Kinder kamen? Und überhaupt, wer misst da? Wer nimmt sich die Definitionsmacht und maßt sich an, über mein/unser Leben zu entscheiden? Zu werten, wann wir beide eine erfolgreiche Beziehung leben? Diese Macht gebe ich niemandem, keinem Therapeuten, keinem Pfarrer, nicht meinen Eltern, nicht meinen Geschwistern, noch nicht einmal dir, lieber Partner. Das entscheide ich selbst, und sehr oft auch erst im Rückblick, nach Jahren. Und – ich erlaube mir Fehler! Dir und mir!

DANKSAGUNG

Ich danke meinem Vater, der mir gezeigt hat, wie man in sich selbst zu Hause ist. Wie man sich mit sich selbst wohl fühlt und dass der Ort, den man verlassen hat, niemals mehr der Ort sein wird, an den man zurückkommt. Ich danke meiner Mutter für ihre Liebe bis in den Tod. Ich danke beiden für diesen freien Glauben. Mein Vatersein und Partnersein hat mich mehr gelehrt und mich in meiner persönlichen Entwicklung weitergebracht, als jedes Studium es je könnte, dafür danke ich »unseren« Kindern und all den Menschen, mit denen ich in Partnerschaft verbunden war. Ich danke dem Leben, dass es mich gelehrt hat, dass nur ganz wenig wirklich wichtig ist.

Ich danke Eleonore für ihre liebevolle Kraft und ihre Kunst, glücklich zu leben. Ich danke Johannes, Anna, Ines, Harald und Gundi für ihr Sosein, die Geduld, das Lachen und Weinen mit mir. Frau Olzog, Frau Mayer und Frau Altmann vom Kösel-Verlag danke ich für die Unterstützung, dieses Projekt in die Welt zu bringen. Ich danke Armin Köhler für das wunderbare Layout. Es ist eine Freude, mit Ihnen zu arbeiten. Ich danke Gott für alles.

WEITERFÜHRENDE LITERATUR

Adamaszek, Rainer: *Familien-Biographik*, Carl-Auer-Systeme Verlag, Heidelberg 2001

Balsekar, Ramesh S.: *Erleuchtende Gespräche*, Alf Lüchow Verlag, Freiburg 1994

Balsekar, Ramesh S.: *Pointers*, J. Kamphausen, Bielefeld 1999

Baudrillard, Jean: *Transparenz des Bösen*, Merve Verlag, Berlin 1992

Beal, Edward W./Hochman, Gloria: *Wenn Scheidungskinder erwachsen sind*, Wolfgang Krüger Verlag, Frankfurt a. M. 1992

Beck, Ulrich/Beck-Gernsheim, Elisabeth: *Das ganz normale Chaos der Liebe*, Suhrkamp Verlag, Frankfurt a.M. 2005

Bowlby, John: *Bindung*, Kindler Verlag, München 1975

Brisch, Karl Heinz: *Bindungsstörungen. Von der Bindungstheorie zur Therapie*, Klett Cotta, Stuttgart 2006

Brisch, Karl Heinz/Hellbrügge, Theodor (Hrsg.): *Bindung und Trauma. Risiken und Schutzfaktoren für die Entwicklung von Kindern*, Klett Cotta, Stuttgart 2003

Brink, Otto/Quasebarth, Alexander/Saltuari, Petra: *Wie Offenheit die Liebe stärkt*, Herder, Freiburg 2004

Brumlik, Micha (Hrsg.): *Vom Missbrauch der Disziplin. Antworten der Wissenschaft auf Bernhard Bueb*, Beltz-Verlag, Weinheim 2007

Buber, Martin: *Der Weg des Menschen*, Gütersloher Verlagshaus, Gütersloh 1999

Buber, Martin: *Ich und Du*, Reclam, Stuttgart 2006

Chu, Victor: *Von der schwierigen Kunst, treu zu sein. Warum wir betrügen, was wir lieben,* Kösel, München 2008

Coelho, Paulo: *Elf Minuten*, Diogenes Verlag, Zürich 2003

Clement, Ulrich: *Guter Sex trotz Liebe. Wege aus der verkehrsberuhigten Zone*, Ullstein Verlag, Berlin 2006

Eibl-Eibesfeldt, Irenäus: *Wider die Misstrauensgesellschaft*, Piper, München 1996

Felser, Georg: *Inkonsistenzen zwischen Selbstbild und der Wahrnehmung durch den Partner: Bedingungen der interpersonellen Wahrnehmung und ihr Zusammenhang mit der Partnerschaftsqualität*, Dissertation, Pabst Science Publishers, Trier 1998

Fischer, Helen: *Warum wir lieben*, Knaur, München 2007

Fischer, Roger/Ury, William/Patton, Bruce: *Das Harvard-Konzept*, Campus Verlag, Frankfurt 2000

Franke-Gricksch, Marianne: *Du gehörst zu uns*, Carl-Auer-Systeme Verlag, Heidelberg 2002

Frankl, Viktor E.: *Das Leiden am sinnlosen Leben*, Herder, Freiburg 1991

Frankl, Viktor E.: *Was nicht in meinen Büchern steht*, Quintessenz Medizin Verlag, München 1995

»Man muss lernen, was zu lernen ist, und dann seinen eigenen Weg gehen.«

Georg Friedrich Händel

Fromm, Erich: *Vom Haben zum Sein. Wege und Irrwege der Selbsterfahrung*, Quadriga Verlag, Weinheim 1994

Fromm, Erich: *Die Kunst des Liebens*, Manesse Verlag, Zürich 1993

Früh, Doris: *Im Schatten der Ersten. Partnerschaft mit einem geschiedenen Mann*, Kösel, München 2002

Fthenakis, Wassilos E./Kalicki, Bernhard/Peitz, Gabriele: *Paare werden Eltern*, LBS Studie, Leske + Budrich, Opladen 2002

Gambaroff, Marina: *Utopie der Treue*, Rowohlt, Hamburg 1984

Göttner-Abendroth, Heide: *Matriarchat in Südchina*, Kohlhammer Verlag, Stuttgart 1998

Gruen, Arno: *Der Verrat am Selbst. Die Angst vor Autonomie bei Mann und Frau*, dtv, München 2006

Gruen, Arno: *Der Verlust des Mitgefühls. Über die Politik der Gleichgültigkeit*, dtv, München 1997

Grof, Stanislav: *Das Abenteuer der Selbstentdeckung*, Rowohlt, Reinbek b. Hamburg 1994

Hellinger, Bert: *Finden, was wirkt*, Kösel-Verlag, München 1996

Hite, Shere: *Hite-Report, Frauen und Liebe*, C. Bertelsmann, München 1987

Hite, Shere: *Sex & Business*, Pearson Education, München 2000

Höppner, Gert: *Heilt Demut – wo Schicksal wirkt?*, Profil Verlag, München/Wien 2001

Holmes, Ernest: *Der Schlüssel zum wahren Leben*, Verlag CSA, Bad Homburg 1984

Horn, Klaus P.: *Die Erleuchtungsfalle*, Connection Medien GmbH, Niedertaufkirchen 1997

Hüther, Gerald: *Die Macht der inneren Bilder. Wie Visionen das Gehirn, den Menschen und die Welt verändern*, Vandenhoeck & Rupprecht, Göttingen 2006

Imber-Black, Evan: *Die Macht des Schweigens*, dtv, München 2000

Jaffé, Aniela: *Erinnerungen, Träume, Gedanken von C. G. Jung*, Walter, Olten, 1985

Jaeggi, Eva: *Und wer therapiert die Therapeuten?* dtv, München 2004

Jäger, Willigis: *Die Welle ist das Meer*, Herder, Freiburg 2002

Juul, Jesper: *Aus Erziehung wird Beziehung, Authentische Eltern – kompetente Kinder*, Herder, Freiburg 2005

Juul, Jesper: *Das kompetente Kind*, Rowohlt, Reinbek b. Hamburg 2003

Juul, Jesper: *Die kompetente Familie. Das familylab-Buch*, Kösel, München, 2007

Juul, Jesper: *Grenzen, Nähe, Respekt. Wie Eltern und Kinder sich finden*, Rowohlt, Reinbek bei Hamburg 2005

Juul, Jesper: *Nein aus Liebe. Klare Eltern – starke Kinder*, Kösel, München 2008

Juul, Jesper: *Vom Gehorsam zur Verantwortung. Für eine neue Erziehungskultur*, Beltz, Weinheim 2005

Geduld und freundliche Vernunft heilen unsere Beziehungen.

Juul, Jesper: *Was Familien trägt. Werte in Erziehung und Partnerschaft*, Kösel, München 2006

Kampenhout, Daan van: *Die Heilung kommt von außerhalb*, Carl-Auer-Systeme Verlag, Heidelberg 2001

Kaslow, Florence W.: *Handbook of relational diagnosis and dysfunctional family patterns*, John Wiley & Sons. Inc., New York, USA 1996

Kast, Verena: *Vom Sinn des Ärgers*, Kreuz Verlag, Stuttgart 1998

Kast, Verena: *Abschied von der Opferrolle*, Herder, Freiburg 1998

Kast, Verena: *Vater-Töchter, Mutter-Söhne*, Kreuz Verlag, Stuttgart 1994

Kast, Verena: *Paare. Beziehungsphantasien*, Kreuz Verlag, Stuttgart 1984

Kirchhoff, Bodo: *Mein letzter Film*, Frankfurter Verlagsanstalt, Frankfurt a. M. 2002

Koch, Birgit Theresa: *Frei werden für eine glückliche Partnerschaft. Durch Familienaufstellungen den Seelenpartner finden,* Kösel, München 2004

Koch, Birgit Theresa: *Hinter jedem Konflikt steckt ein Traum, der sich entfalten will. Aus der Praxis einer Streitschlichterin,* Kösel, München 2008

Kübler-Ross, Elisabeth: *Interviews mit Sterbenden,* Kreuz Verlag, Stuttgart 1977

Lasker-Schüler, Else: *Liebesgedichte,* ausgewählt von Eva Demski, Suhrkamp, Frankfurt 2005

Levine, Peter A./Frederick, Ann: *Trauma-Heilung. Unsere Fähigkeit, traumatische Erfahrungen zu transformieren*, Synthesis Verlag, Essen 1998

Levine, Peter A.: *Vom Trauma befreien. Wie Sie seelische und körperliche Blockaden lösen.* Mit 12 Selbsthilfeübungen auf CD (engl.), Kösel, München 2007

Madelung, Eva/Innecken, Barbara: *Im Bilde sein,* Carl-Auer-Systeme Verlag, Heidelberg 2001

Madelung, Eva: *Trotz und Treue. Zweierlei Wirklichkeit in Familien*, Carl-Auer-Systeme Verlag, Heidelberg 1998

Maharaj, Sri Nisargadatta: *Ich bin, Teil 1 & 2,* J. Kamphausen, Bielefeld 1997/98

McClendon, Ruth/Kadis, Leslie B.: *Reconciling Relationships and Preserving the Family Business*, The Haworth Press, Binghamton NY 2004

McGoldrick, Monica: *Wieder heimkommen. Auf Spurensuche in Familiengeschichten*, Carl-Auer-Systeme Verlag, Heidelberg 2003

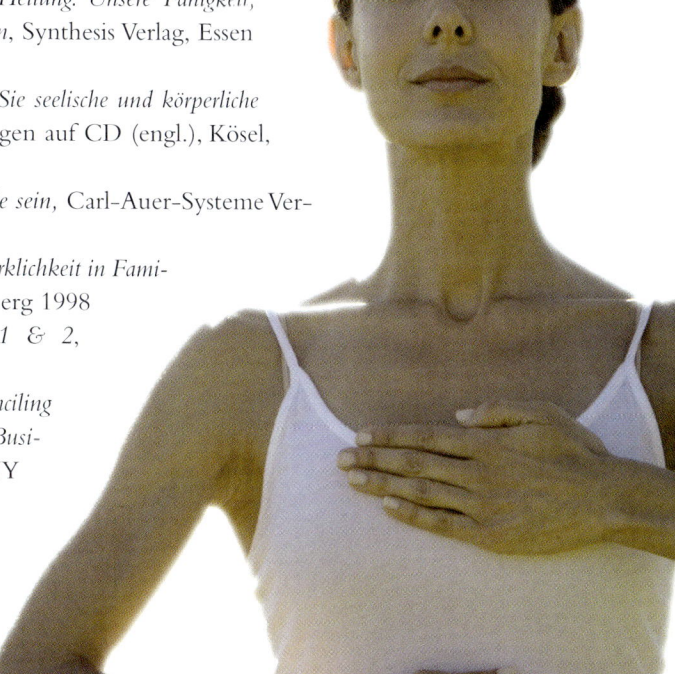

Je mehr wir unserem Partner das Gefühl geben, dass er genauso richtig ist, wie er ist, desto größer wird sein Selbstwertgefühl werden — und unsere Liebe.

Miller, Alice: *Das Drama des begabten Kindes – und die Suche nach dem wahren Selbst*, Suhrkamp, Frankfurt a.M. 1983

Miller, Alice: *Die Revolte des Körpers*, Suhrkamp, Frankfurt a.M. 2005

Miller, Alice: *Evas Erwachen*, Suhrkamp, Frankfurt a.M. 2004

Moeller, Michael Lukas: *Die Liebe ist das Kind der Freiheit*, Rowohlt, Reinbek b. Hamburg 2004

Moeller, Michael Lukas: *Worte der Liebe*, Rowohlt, Reinbek b. Hamburg 2003

Moeller, Michael Lukas: *Wie die Liebe anfängt*, Rowohlt, Reinbek b. Hamburg 2003

Müller-Ebert, Johanna: *Trennungskompetenz in allen Lebenslagen. Vom Loslassen, Aufhören und neu Anfangen*, Kösel, München 2007

Napier, Augustus Y.: *Ich dachte, meine Ehe sei gut, bis meine Frau mir sagte, wie sie sich fühlt*, Kreuz Verlag, Zürich 1990

Nouwen, Henri: *Du schenkst mir Flügel. Gedanken der Hoffnung*, St. Benno Verlag, Leipzig 2002

Namu, Yang Erche / Mathieu, Christine: *Das Land der Töchter. Eine Kindheit bei den Mosou, wo die Welt den Frauen gehört*, Ullstein, Berlin 2005

Omer, Haim / von Schlippe, Arist: *Autorität durch Beziehung. Die Praxis des gewaltlosen Widerstands in der Erziehung*, Vandenhoeck & Ruprecht, Göttingen 2004

Omer, Haim / von Schlippe, Arist: *Autorität ohne Gewalt. Elterliche Präsenz als systemisches Konzept*, Vandenhoeck & Ruprecht, Göttingen 2006

Osten, Henning v. d.: *Über die Welt und über Gott*, J. Kamphausen, Bielefeld 1997

Peck, Scott M.: *Der wunderbare Weg*, Goldmann Verlag, München 1989

Pesso, Albert: *Dramaturgie des Unbewussten. Eine Einführung in die psychomotorische Therapie*, Klett-Cotta, Stuttgart 1986

Popper, Karl: *Lesebuch*, UTB , Stuttgart 1995

Popper, Karl R.: *Ausgangspunkte*, Hoffmann und Campe, Hamburg 1992

Pörksen, Bernhard: *Abschied vom Absoluten*, Carl-Auer-Systeme Verlag, Weinheim 2001

Prekop, Jirina: *Einfühlung oder die Intelligenz des Herzens*, Kösel, München 2002

Rich Harris, Judith: *The Nurture Assumption*, The Free Press, New York, N.Y. 1998

Riedel, Lothar (Hrsg.): *Sinn und Unsinn der Psychotherapie*, Neue Erde, Rheinfelden 1998

Robinson, Marnia: *Peace between the Sheets. Healing with Sexual Relationships*, Frog Books, Berkeley, California 2002

Rogoll, Rüdiger: *Nimm dich, wie du bist*, Herder, Freiburg 1976/95

Schellenbaum, Peter: *Das Nein in der Liebe*, dtv, 1990

Schellenbaum, Peter: *Abschied von der Selbstzerstörung*, Kreuz Verlag, Stuttgart 1989

Schnarch, David: *Die Psychologie sexueller Leidenschaft*, Klett-Cotta, Stuttgart 2006

Sheldrake, Rupert: *Das schöpferische Universum*, Ullstein Verlag, Berlin 1981

Sheldrake, Rupert/McKenna, Abraham: *Cyber-Talk*, Scherz Verlag 1998

Sheldrake, Rupert: *Sieben Experimente, die die Welt verändern könnten*, Goldmann Verlag, München 1997

Somé, Malidoma Patrice: *Vom Geist Afrikas*, Diederichs Verlag, München 1996

Stein, Claudia: *Lässt sich Eheglück vorhersagen?* Prepare/Enrich Bibliothek, o. O. 2005

Storch, Maja: *Die Sehnsucht der starken Frau nach dem starken Mann*, Walter/Patmos Verlag, Düsseldorf 2000

Schacter, Daniel L.: *The seven sins of memory*, Houghton Mifflin Books, Boston, N.Y. 2001

Schneewind, Klaus A./Ruppert, Stefan: *Familien gestern und heute: ein Generationenvergleich über 16 Jahre*, Quintessenz Medizin Verlag, München 1995

Schützenberger, Anne Ancelin: *Oh, meine Ahnen!*, Carl-Auer-Systeme Verlag, Heidelberg 2001

Sunderland, Margot: *Die neue Elternschule*, Dorling Kindersley, München 2007

Thomas, Claude AnShin: *Krieg beenden, Frieden leben. Ein Soldat überwindet Hass und Gewalt*, Theseus Verlag, Berlin 2003

Tolle, Eckart: *Jetzt! Die Kraft der Gegenwart*, J. Kamphausen, Bielefeld 2004

Trungpa, Chögyam: *Der Mythos Freiheit und der Weg der Meditation*, Theseus Verlag, Berlin 1989

Voelchert, Mathias: *Trennung in Liebe…damit Freundschaft bleibt*, Kösel, München 2006

Voelchert, Mathias: *Trennung in Liebe − Partnerschaft in Liebe*, M.V.G.-Verlag, München 2002

Voelchert, Mathias: *Paare im Wandel*, edition + plus M.V.G.-Verlag, München 2005

Vansteenwegen, Alfons/Luyens, Maureen: *Trotz aller Liebe. Wie überstehen wir den Seitensprung?* Carl-Auer-Systeme-Verlag, Heidelberg 2006

Walsch, Neale Donald: *Beziehungen*, Goldmann Verlag, München 2000

Watzlawick, Paul: *Vom Schlechten des Guten*, Piper Verlag, München 1986

Watzlawick, Paul: *Wie wirklich ist die Wirklichkeit*, Piper Verlag, München 1978

Weber, Gunthard/ Simon, Fritz B.: *Vom Navigieren beim Driften*, Carl-Auer-Systeme Verlag, Heidelberg 2004

Werner, Emmy E./Smith, Ruth S.: *Journeys from Childhood to Midlife, Risk, Resilience and Recovery*, Cornell University Press, Ithaca New York 2001

Wittgenstein, Ludwig: *Tractatus logico-philosophicus*, Suhrkamp, Frankfurt a. M. 1963

Willi, Jürg/Limacher, Bernhard (Hrsg.): *Wenn die Liebe schwindet. Möglichkeiten und Grenzen der Paartherapie*, Klett-Cotta, Stuttgart 2005

Willi, Jürg: *Was hält Paare zusammen?* Rowohlt Verlag GmbH, Reinbek b. Hamburg 1991

Willi, Jürg: *Die Zweierbeziehung*, Rowohlt, Reinbek b. Hamburg 1990

Wolinsky, Stephen: *Die dunkle Seite des inneren Kindes*, Alf Lüchow Verlag, Freiburg 1997

Wolinsky, Stephen: *Das Tao des Chaos*, Alf Lüchow Verlag, Freiburg 1998

Wucherer-Huldenfeld, Augustinus (Hg.)/Baier, Karl/Mühlberger, Sigrid/ Schelkshorn, Hans: *Atheismus heute? Ein Weltphänomen im Wandel*, Evangelische Verlagsanstalt, Leipzig 2001

Yogananda, Paramahansa: *Die ewige Suche des Menschen*, Scherz-Verlag/O.W. Barth Verlag, Weilheim 1995

Zimbardo, Philip G./Gerrig, Richard J.: *Psychologie*, Pearson Studium, München 2004

FOTONACHWEIS

Alle Fotos Royalty Free

Archiv Kraxenberger: 94

Corbis: 157

Fancy: 1, 19, 20, 22, 32, 35, 42, 44, 56, 66, 68 li, 72, 74, 78, 85, 101, 103, 104, 111, 120, 126, 129, 140, 150, 152, 158, 160 o, 161, 162, 172, 174 u, 175, 176, 178, 186

Goodshot: 33

Photo Alto: 5, 6, 7, 8, 10, 12, 14, 16, 24, 25, 26, 27, 30, 36, 39, 40, 43, 45, 46, 47 u, 50, 52, 53 o, 58, 59, 60, 61, 62, 64, 66, 70 o, 70 u, 77, 80, 81, 82, 84, 86, 88 u, 88 li, 90, 92, 97, 98, 102, 108, 111 u, 112, 113, 114, 115, 118, 119, 122, 123 li, 124, 125, 128, 132, 133, 134, 136, 137, 138, 141, 142, 145, 146, 147, 151, 154, 156 u, 163, 164, 165, 166, 169, 170, 171, 180, 182, 185, 187, 189

Photodisc: 14, 15, 28, 29, 47 o, 48, 53 u, 54, 55, 63, 68 m, 89, 93, 95, 96, 99, 100, 106, 107, 109, 123 re, 130, 131, 143, 148, 149, 153, 155, 156 o, 160 u, 168, 173, 174 li, 177, 188